宋代地方官の民衆善導論

宋代地方官の民衆善導論

——『琴堂諭俗編』訳註——

小林義廣訳註

知泉書館

凡例

一、本書の注釈に引用する経書は、阮元の十三経注疏本を用いた。そのため、経書の巻数も十三経注疏本に基づいている。

一、経書の現代日本語訳のあるもの、たとえば『論語』『孟子』『易経』『春秋左氏伝』は、基本的に岩波文庫本を参考にして訳出している。ただし、本書の文脈上の必要から多少、それらの日本語訳を変えている場合もあり、その場合はその旨を注記している。依拠した岩波文庫本の訳者と発行年は以下のとおりである。『論語』（金谷治、一九六三年）、『孟子』（小林勝人、一九六八年）、『易経』（高田真治・後藤基巳、一九六九年）、『春秋左氏伝』（小倉芳彦、一九八八年）。

一、本書に引用されている経書以外の書物でも訳書のあるものは、それに基本的に依拠した。たとえば、袁采『袁氏世範』は西田太一郎氏のもの（創元社、一九四一年）、『顔氏家訓』は宇都宮清吉氏のもの（平凡社・中国古典文学大系、一九六九年）を参照している。

一、本書は、「解題」に示したように、一般庶民に向けた布告文という性格から、歴史的典拠も、一般に流布している書籍や、初学者向けの書籍と啓蒙書を多く用いていると考えられる。したがって、本訳註においては、本来の、正統な書物の典拠を示すと同時に、そうした書物、とくに『蒙求集註』、『小学』、司馬光『温公家範』、祝穆『古今事文類聚』に類似の話が載っているときは、その書名・巻数・項目を示した。

一、訳文に当たっては、先学の研究成果に多く依拠しており、出来る限りそれを注釈に記した。むろん、訳出にあたっての責任は訳者にある。

一、原文の夾注は、二字ずつ下げてポイントも小さくして表示する。ただし、夾注の字数が、少ない場合は本文中【】に入れて示す。

一、原文になく訳者が文脈を考えて補った語句は〔〕で示し、語彙の簡単な現代語訳・現在の地名・諡号や雅号の相当者の氏名、場合によって必要な原語は（）で示した。

はしがき

本書は、『琴堂諭俗編』（南宋・応俊編集、元・左祥補筆）上下巻の訳註である。『琴堂諭俗編』は、管見の限り、あるいは『中国叢書綜録』（上海古籍出版社、一九八三年）を検索しても分かるとおり、四庫全書本にしか現存しておらず、したがって本書の訳註は四庫全書所収本に依拠して行った。ただ、「解説」にも示したが、本書を構成する一部の文章は、他の書物に載っており、それとの突き合わせが出来た。つまり、『琴堂諭俗編』は上巻が北宋・鄭至道「諭俗篇」、下巻が南宋・彭仲剛「諭俗続編」の文章を載せ、それを基にして、各論俗の項目ごとに応俊が夾注や補篇を配する形式で基本的には構成されている（「基本的に」と記した詳しい理由は「解説」を参照）。その中で、鄭至道と彭仲剛の諭俗文は、『嘉定赤城志』巻三七「風土門」にも掲載されているのであり、字句が四庫全書本の『琴堂諭俗編』と異なる場合も見られる。そこで、本訳註では、両者に字句の異同があるときは、その旨を注記した。ちなみに、下巻の最後に附載されている左祥の「択朋友」は、この『琴堂諭俗編』以外の他書には載っていない。

本書の訳註は、すでに『東海大学紀要文学部』に掲載したものに基づいているが、明らかな誤訳や曖昧な表現で誤解を招きやすい箇所は訂正・加筆している。そして何よりも『紀要』の段階では不明とした典拠を出来るだけ再調査して明らかにした。加えて「凡例」や「解説」にも示したとおり、『琴堂諭俗編』は一般民衆に向けた布告文という性質上、取り上げられている逸話もよく知られているものと考えられ、したがって一般向け啓蒙書や初学者向けの書物に載っているものは、出来る限りそれを注記して明示した。この結果、『紀要』に載せたものをかなり一新できたと思われる。以下に、初出の『紀要』の号数と発行年を示しておく。

『琴堂諭俗編』訳註稿（一）　『紀要』八〇輯、二〇〇四年三月
『琴堂諭俗編』訳註稿（二）　『紀要』八四輯、二〇〇六年三月
『琴堂諭俗編』訳註稿（三）　『紀要』八六輯、二〇〇七年三月
『琴堂諭俗編』訳註稿（四）　『紀要』八八輯、二〇〇八年三月
『琴堂諭俗編』訳註稿（五）　『紀要』九〇輯、二〇〇九年三月

目次

巻　下

宋代地方官の民衆善導論

――『琴堂諭俗編』訳註――

琴堂諭俗編原序

かつて鄭〔至道〕・彭〔仲剛〕のお二人が県の知事であったとき、「諭俗編」が作られた。その大意は、〔治政とは〕教化を優先し刑罰を後にし、「風俗」に勧めるべき善行のあることを知らせ、人びと全てを素晴らしい人物に仕立てあげようというものであった。しかしながら、〔実際上〕世間一般の県知事たちは、概ね公文書の締切に追いまくられるか、県財政の困窮に頭を痛めるかに忙殺されてしまっている。〔その結果〕民衆統治の方法は刑罰だけが唯一だと心得ている。どうして、教化が何よりも先務だと考えるゆとりを持ち合わせていようか。とすれば、お二人の民衆への対応は、仁といえるに違いない。

私は宜豊県（江西省宜豊県）の知事となったが、[1]いつも念頭にあったのは、〔教化が全ての県〕民に及ばず、人びとは騙し合い凌ぎ合い、闘い合い奪い合い、互いに害ったり謗《そし》ったりし、他人を唆《そそのか》して生計を立て、脅迫によって一家を構えている〔実情〕であった。このような風俗のよくない状況は、鄭殿の言うところの道理・道徳に背くという情況、[2]彭殿の言う争いごとの端緒は色々だと述べていることに比較しても、[3]とてもひどい状態であった。そこで、私は嘆いて、「〔経典には〕天が万民をこの世に生みだしたとき、すべて事物があれば、必ず一定の法則があるようにさせた。こうして民は守るべきこの常道を執り守ればこそ、皆、美徳を好むのだとある。[4]つまり、民衆というものは良心をもっているものなのだ。民衆が良心を失って悪事に溺れ、美徳を好まず訴訟を好むのは、思うに役所が実務文章に慣れ親しみ、それが風習となった結果であり、そうした事態に対する自覚を欠いているからにすぎない」と述べた。

こうして、私は公務の余暇に〔鄭・彭〕の旧編に対して、それに昔の聖賢の言行を付け加えて、〔鄭・彭〕お二人が意を尽くしていない点を推し広めた。そして、訴訟しようとやってくる者がいると、〔訴訟の〕事例ごとに〔諭俗編の〕諭すべき内容を示したところ、中には心を入れ替えるという情況も生まれた。しかしながら、〔民衆の〕家を一軒一軒ごとに訪ね歩いて道理を言い聞かせることはできないので、俸給の中から〔諭俗編の〕印刷費用を出して上梓し、〔印刷物を通じて〕私の意図を伝えるようにした。つまり、そうすることによって、お前たち民衆が、家庭で、郷里で、親戚友人たちで、互いに諫め教えあって実践をしてゆき、古いしきたりに馴染むことなく、法律違反を犯すことなくさせ、ひたすら善行に向かい犯罪から遠ざかるようになれば、家を栄えさせ子孫も増えてゆくことができるというものなのだ。民衆の行動が物欲にくらませることなければ、天もそれなりに幸運をもたらすだろう。これこそが自らその身を愛するということなのだ。お前たち民衆よ、どうか〔こうした私の言葉〕を聞き届け、ゆるがせにしないように。辛酉〔景定二年、一二六一年〕秋、瑞芝亭長(5)・天台の応俊記す。

私は、以前、翰林院に勤務していて、元朝累代の元老たちにお会いする機会があった。なかでも唯齋劉公〔劉賡〕・雪楼程公〔程鉅夫〕・草廬呉公〔呉澄〕(6)は、いつも懇《ねんご》ろに次のような忠告をしてくれた。「貴方は、いつか実際の政治に携わるであろうが、そのときは道徳と斉礼〔礼を整える〕によって民衆の風習を善導することを第一にすべきであって、俗吏のように、過酷なやり方に慣れ親しむような態度を取るべきではない」と。私は、この言葉をよく噛みしめ胸に深くしまいこんだ。それから間もなく、広州香山県〔広東省中山県〕の知事に転出し(7)、いつもお三人の忠告を心掛けたが、その期待に副えないことを恥じていた。〔そうこうしているうちに〕偶然に『諭俗編』を入手して読むと、全て民衆を善導する方法が記されてあり、その上、私の心にも訴えるものがあって、何とか刊行しようとしたが、実現しないままになっていた。〔香山県の知事に〕続いて、潮州路総管府〔広東省潮州市〕に転任となった(8)。そもそも、潮州は唐代に韓愈が教化を施した赴任地であり(9)、〔韓愈と同時代の〕天水先生〔趙徳〕の故郷でもあって(10)、鄒魯つまり孔子や孟子の郷里のように教化が行き届いていると称される土地だと聞いていて非常に喜んでいた。ところが、着任してみると、民衆の習俗はそうではなく、そのことでとても心配になった。この心配の気持ちを、一度、州学の士人たちに伝えたところ、次のような答えが返ってきた。「民衆は良いことを好み悪いことを嫌悪しないわけではありません。どちらに転ぶかは、ひとえに政治を行い教化を施す者がどうであるかにかかっています。それに、吾が潮州は辺鄙な海辺に位置し、韓愈や趙徳も遠い昔のことです。治める者が刑罰だけを知る一方で、治められる者が教化ということを知らないでいるだけなのです。昔貴方が、こうした退嬰した情況を何とかしようとするならば、まず教えるべき物を取り揃えねばなりません。昔は州学に鄭至道・彭仲剛・応俊の諭俗編がありました。それら諭俗編は経書に基づいて人としての道を説き、言葉は明快・簡潔で、人を感動させて耳にも入りやすく、まことに民衆を教化し良き習俗に導く要諦ともいうべきものでしょう。しかし、年数が経つうちに、それらの諭俗編は無くなってしまいました。そこで、現在、照磨東湖の劉英発君からそれらを入手しました(11)。劉君はそれらを瑞州新昌県〔江西省宜豊県〕から手に入れました。もし、これらの諭俗編を再び上梓し、潮州の人びとに広めれば、実に大いなる恵みとなりましょう」と。私は、その要請を喜んで受け入れ、潮州路の長官や同僚からの賛成も得た。ここで、諭俗編の編目をみてみると、鄭至道が最初に作成し、彭仲剛がその後に続け、応俊が更に増訂していて、鄭・彭二人の充分に意を尽くせないところを補っている。全部で一四篇の諭俗編は、「五服図」の項から始まって「積陰徳」で終わっており、中間に「孝父母」「友兄弟」「崇忠信」「重本業」「尚倹素」などの項目があって、いちいち挙げきれない。嗟乎《ああ》、もし人びとにこれらを読ませてその内容を知らせることができ、また書かれていることを実行できれば、民衆は士君子（立派な人間）としての行動をすることになるだろう。そうすればどうして習俗が良くないと心配になろうか。更に、この諭俗編を広く伝えられれば、天下全ての勧戒となって、どうしてこの地域だけの勧戒にとどまろうか。

ただ、残念ながら、この諭俗編は「朋友」の一項目を欠いている。昔、朱子が『小学書』を編纂したとき、「善行篇」の項目を入れたが、偶然に「朋友」の一節を入れ忘れたことを悔やんだ(12)。思うに、朋友ということは、人間にとって大事な倫理であって、この関係によって善行を勧めるのであり、どうして欠かすことができようか。そこで私めは、自分の見識の狭さも顧みずに、窃かに朱子の気持ちを汲み取って補おうとしたのである。どうか民衆道徳に対して万分の一でも足しになればということである。天歴二年（一三二九）、己巳の歳、孟夏の月（陰暦四月）、承直郎潮州路総管府経歴の左祥、謹みて叙す。

（1）「解説」において触れるように、応俊に関しては、彼が着任した江西路新昌県の明清期の地方志などに簡単な記述があるが、科挙合格など人生の重要案件に対して、時期を割合に明瞭に記述しているのが『民国台州府志』巻一〇六「人物志」である。それに、「応俊字東野、臨海人、嘉熙二年進士第、景定間、知江西新昌県、弭盗安民、政教兼挙、嘗奏罷県税務、有琴堂諭俗編行世、咸淳間、知処州」とある。引用文中の新昌県は、三国時期や唐代の一時期、宜豊県と呼ばれていた。また、原文に「余学製宜豊」とあるところを「宜豊の知事となった」と訳したのは、「学製」が『春秋左氏伝』巻四〇、襄公三一年十二月の条に、「子有美錦、不使人学製焉、大官大邑、身之所庇、而使学者製焉、其為美錦不亦多乎」とあって、美錦を作ることを、大邑を治めることの比喩としていることに基づく。

（2）『琴堂諭俗編』には収録されていないが、『嘉定赤城志』巻三七「風土門」所収の「天台令鄭至道諭俗七篇」には、鄭至道の諭俗文の「序文」ともいうべきものが冒頭にあって、それに「予自至官、観爾百姓、日以争訟、来至於庭、其間多違理逆徳、不幸不悌、凌犯宗族、結怨鄰里云々」とある。

（3）彭仲剛の「諭俗続編」の「崇忠信」の項の最後に近いところに、「本因喧争、便称被打、本因討索、便称打劫、情態万状、虚偽百端」とある。

（4）ここの、「天生烝民」から「好是懿徳」までは、『詩経』巻一八―三（朱熹集註『詩集伝』は巻一八）「大雅」の「烝民」を典拠としている。また、この「烝民」の文は、『孟子』告子章句上にも引用されている。本文の関連する箇所で「良心」という語句がキィワードとなっていることからすると、むしろ『孟子』を下敷きとしていると考えた方がよいのかも知れない。

（5）『正徳瑞州府志』巻一一「古蹟志」によると、応俊が知県となった新昌県に「瑞芝亭」が存在する。祝穆『方輿勝覧』巻二〇「瑞州」は、黄庭堅「筠州新昌県瑞芝亭記」（『豫章黄先生文集』巻一七、『黄庭堅全集』巻一六、四川大学出版、二〇〇一年）を引いて、邵叶という人物が新昌県の知事となって三か月経ったとき、官舎に霊芝が生えたことを記念してこの亭が建てられたと説明している。つまり、応俊の肩書きとして付いている「瑞芝亭長」は、こうした由来に基づく新昌県の知事を指すと考えられる。ちなみに、「筠州新昌県瑞芝亭記」の文脈からすると、邵叶は黄庭堅と同時代人のようであるが、『正徳瑞州府志』巻六「秩官志」の「新昌県」を見ても該当する人物は、知事、県丞、主簿、県尉に見あたらない。

（6）劉賡（一二四八～一三二八）については『元史』巻一七四、程鉅夫（一二四九～一三一八）は『元史』巻一七二、呉澄（一二四九～一三三三）は『元史』一七一のそれぞれに伝があって、名号が判明する。

（7）『万姓統譜』巻八四の「左祥」の項に、「泰定乙丑（一三二五）、授承直郎、来為香山県尹、留心政教、嘗作勧学文、以訓社学子弟、一時士風皆知、嚮往習俗偸薄、則又刻諭俗編以警切之、自是頑梗之氓、漸知革心矣、云々」とある。

（8）『万姓統譜』巻八四の「左祥」の項に、潮州路経歴となったことを記す。なお、『光緒重修本潮州府志』巻三一「職官志」によると、それは致和年間（一三二八）であるらしい。ちなみに、『元史』巻三〇、泰定帝本紀によると、この年は、二月に泰定から致和と改元され、九月になって天暦と改元されている。

（9）憲宗の怒りを買って潮州刺史に左遷された韓愈は、赴任するや鰐の害に苦しむ民衆の願いを受けて、供物とともに鰐の住む池に出向いて祈ったところ、数日して池の水が干し上がり、鰐の害が無くなったという（『旧唐書』巻一六〇と『新唐書』巻一七六の韓愈伝）。なお、このときの祝文は『韓昌黎集』巻三六に「鱷魚文」として載っている。また、本文中の「過化」

は、『孟子』尽心篇上の「夫君子所過者化、所存者神」に基づく言葉で、聖人たる王者が通り過ぎると、人民はその徳に感化されるという意味。「教化」という訳語は、この典拠を踏まえた。

(10) 趙徳について、新旧両『唐書』には列伝がないが、阮元『広東通志』巻二九四に、他の地誌類にはない多少詳しい伝記が載っている。それによると、海陽県（広東省潮州市）の人で、大暦一三年（七七八）の進士。韓愈が潮州に着任して郷校を設置したとき、彼を招聘した。経書に詳しく文章にも優れて韓愈の知遇を受けたが、韓愈が袁州（江西省宜春市）に転出したとき、一緒にという誘いを断った。郷里の学問ある人たちは趙徳を天水先生と呼んだ、と。なお、韓愈が趙徳との別れ際に渡したという文章に対する趙徳の序文「昌黎文録序」は、簡単には『全唐文』巻六二二に見ることができる。

(11) 劉英発については不明。したがって劉英発の名を形容している「照磨東湖」の意味するところも正確には分からない。ただ、「東湖」は、『輿地紀勝』巻一〇〇「潮州」や前掲『広東通志』巻一三「圕急」など、宋代以後の地誌に潮州の景勝地として載っているので、劉英発はそれを号として用いた在地の人か、あるいは当地出身者である可能性は充分にある。

(12) 「善行篇」は、『小学』の外篇に所収。また、『小学』に「朋友」の項目を入れ忘れたことを悔やんだ朱熹の言葉は、『朱子語類』巻一〇五「論自注書」の項に陳淳の採取として次のように載っている。「問、小学実明倫篇、何以無朋友一条、曰、当時是衆編類来、偶無此爾」。

上巻

父母に孝行を尽くせ（「孝父母」）

「父は私を産み、母が私を育てた。〔両親は〕私の体を愛撫し私を養い、私を成長させ私を育て上げてくれた。そして、いつも心くばりをして、振り返る度に私の身を心配してくれ、家を出入りする度に私を抱きしめてくれた。かくて、報いようとしても〔両親の〕御恩は、天空のように極まりないのだ(1)」。だから、「孝行な子供が親に仕えるやり方は、つね日頃には敬愛の気持ちを尽くし、身の回りの世話には心楽しくさせることを第一に考え、親が病気ともなれば心配な気持ち一杯になり、親が死亡したときには哀悼の限りを尽くし、〔命日などのときの〕祭礼は厳粛な態度を充分に心がける(2)」。それが厚き御恩に報いるということなのである。

古《いにしえ》の時代、周の文王は子供として、父王の季に仕えていたが、毎朝、鶏の鳴き声とともに起床し、衣服を着て季の寝室の外にやってくると、お付きのものに「今日の御様子はどうか」と尋ね、「お健やかです」と答えると、文王は喜んだ。日中になると、再びやってきて同様のことを繰り返し、夕方にもやってきて同じ質問をした。〔季に〕いつもと違った様子がみられると、お付きのものは文王にその旨を告げたが、文王は心配な気持ちに胸を塞がれ、正しい歩行ができなくなるのであった。季が平常と同様の食事を摂れるようになって、心配な気持ちを解いたのである。文王は季に食事を差し上げるときは、必ず自分で食事が適温かどうかを確認し、食事が終わると、〔食膳係りに〕何を食べたかを聞いてから退席するのであった。その後、武王【文王の子供】も同じようにして文王に仕え、〔仕え方に〕余分なものを付け加えなかった(3)。こうしてみてくると、自分の親には不孝でありながら、子孫には自分に対する孝行を求めても、どうして叶うといえようか。

【昔、原穀の祖父が年老いたとき、父母は祖父を嫌悪して、捨ててしまおうと考えた。穀はそのとき年齢が十五であったが、泣いて両親を強く諫めた。父母はそれでも聞き入れず、ついに輿を作って祖父をそれに乗せ、山の中に捨てた。そこで、穀は追いかけていって輿を収容して家に持ち帰ったところ、父親は、「お前はどうしてこの葬式用具を持ち帰ったのか」と穀を叱りつけた。すると、穀は「私は後になってお父さんが年老いたとき、もう一度それを作れないのではないかと心配して持ち帰っただけです」と答えた。〔それを聞いて〕父親は過ちに気づき恥ずかしさと恐ろしさで一杯になり、祖父を輿に乗せて帰って孝養を尽くし、自分の欲に打ち勝ち自責の念にとらわれ、その上、純粋な孝行者となったのであった。穀も孝行な孫となったのである。この話の出典は『孝子伝』であるが、今は『太平御覧』に見られる(4)。楚の諺に「もずという鳥は、母鳥を養い、それが代々受け継がれる」とある】。

前漢の石奮は上大夫にまで出世したが(5)、年老いると〔致仕して〕家に帰った。〔そのとき〕息子の石建は郎中令になり、すっかり年老いて白髪頭になっていたが、五日ごとには家に帰って親の安否を確認したのであった。〔まず、自分ら〕子供たち用の部屋に入って、〔父親の〕様子を召使に尋ね、自ら父親の下着を洗濯してから召使に渡して、そのことを父親に全く気づかれないようにした(6)。いったい、身分の高い人物でさえ、このように親に仕えるとすると、身分の低いものは尚更でなければならないのではないだろうか。

西晋の王祥は大変に親孝行であったが、継母の朱氏は慈愛の心のない人であった。祥はいつも牛小屋の掃除をさせられたにもかかわらず、ますます心を込めて親に仕えた。父母が病気になると、帯を解いて寝ることをせずに看病し、薬湯は〔飲ませる前に〕必ず自分で嘗《な》めて確かめるのであった。あるとき継母は新鮮な魚を食べたいと言った。寒い時期で氷が張っており、祥は着物を脱いで体温で氷を溶かし魚を捕まえようとしたところ、突然、二匹の鯉が氷の割れ目から飛び出してきたので、それを持ち帰ったのであった。またあるとき、継母は幼い雀の焼鳥を食べたいと言い出した。すると、雀数十羽が仕掛けのとばりの中に飛び込んできて、母に差し出すことができた。これらは、〔王祥の〕孝行の真心に〔天地が〕感じてこうなったのである。(7)

しかしながら、この石奮と王祥の例は、父母の面倒をしっかりみていることを述べているにすぎない。孝道というのは、両親の世話を充分にするというだけにとどまらないのである。だから、孟子はいう。「丈夫な身体をもちながら怠けて、父母の世話をしないのが、第一の不孝。博奕をし酒ばかり飲んで、父母の世話をしないのが、第二の不孝。慾深く金を貯めるのが大好きで、妻子ばかり可愛がって、父母の世話をしないのが、第三の不孝。見たい聞きたいの欲望に現《うつつ》をぬかして、父母にまで恥をかかせるのが、第四の不孝。血気に逸《はや》り喧嘩をしては(8)父母にまで危害を及ぼすのが、第五の不孝」(9)と。また、曾子も指摘する。「身の処し方が荘重でないのは孝とはいえない。主君に仕えて忠義でないのは孝とはいえない。官職に就いて慎まないのは孝とはいえない。朋友に対して信義を尽くさないのは孝とはいえない。戦陣に臨んで勇気を奮い立たせないのは孝とはいえない。この五つを完遂できないと、災いが親にまで及んでしまう。どうして慎まないでいられようか」(10)と。『孝経』に次のようにある。「人の上に立つものが驕慢な態度で下に接していると、国は滅んでしまう。下位にいるものが引っかき回す態度で上位に仕えると、刑罰を与えられる。同輩たちと争い事ばかりしていると、武器によって攻撃される。この三者が除去されねば、毎日、ご馳走を用意して親を世話しても、孝とはいえない」(11)と。

このようにみてくると、いわゆる孝とは、また、身を修め行いを慎み、祖先を辱めないことが大切なのであって、ただ〔親に〕腹一杯に食べさせるだけで充分ということではないのである。今、お前たち民衆は、父母が在世しているときには、〔家の〕財産を勝手に分割して、各自がバラバラに住居を構え〔自分の妻子とだけ〕食事をし、〔自分の〕妻子の言うことを聞いて〔行動し〕(12)、〔親子という〕天性の愛情をないがしろにしている。そもそも、『礼記』には、「父母が生存しているときは、〔子供たちは〕自分の財産をもたない」とあり[13]、また、「子供はその妻と極めて仲が好くても、父母が気に入らなければ〔妻を〕離縁する。子供はその妻と仲が悪くても、父母が『この嫁は私によくしてくれる』といえば、子供は夫婦の契りを生涯にわたって衰えることなく維持してゆく」とある[14]。とすれば、財産を自分のものにし、妻子〔の言うこと〕に従うということが、どうして孝といえようか。

（鄭至道の原編）

（1）『詩経』巻一三―一（朱熹集註『詩集伝』は巻一二）〈小雅〉谷風。
（2）『孝経』巻六、紀孝行章第一〇。
（3）『礼記』巻二〇、文王世子。『礼記』は、「文王之為世子」に作るが、『嘉定赤城志』巻三七「風土門」の鄭至道「諭俗篇」では「周文王事父王季」に作り、『琴堂諭俗編』では「周文王為子、事父王季」に作る。本文の訳文は『琴堂諭俗編』に従う。この話は、司馬光『温公家範』巻四「子」、『小学』巻四「敬身」、『古今事文類聚』前集巻二一「問安侍膳」にも見られる。
（4）『太平御覧』巻五一九〈宗親部〉「孫」の項。なお、この話は、『古今事文類聚』後集巻四「舁輿伝代」にも見える。
（5）註（6）の『史記』と『漢書』の万石君伝には、「万石君以上大夫帰老于家」とあるので、それに従えば、「石奮は上大夫の禄を貰う待遇で致仕して家に帰ってきた」ということになる。本文は、『嘉定赤城志』及び『琴堂諭俗編』の原文に従う。
（6）『史記』巻一〇三、万石張叔列伝、『漢書』巻四六、万石衛直周張伝。この話は、『温公家範』巻一「治家」、『小学』巻六「実明倫」にも見られる。
（7）『晋書』巻三三、王祥伝。ここの話は、『蒙求集註』巻下「王祥守奈蔡順分椹」にも、『晋書』の当該記事を引いて紹介しており、『古今事文類聚』後集巻五「臥氷躍鯉」と巻四五「孝感黄雀」にも分散して載っている。また、牛小屋の掃除と父母の看病の話は、『温公家範』巻五「子」にも載っている。
（8）ここでは、「好友闘狼」に作るが、『嘉定赤城志』巻三七「風土門」に載る鄭至道「諭俗篇」も註（9）の『孟子』も「好友闘很」に作る。ただ、「狠」も「很」も、「あらそう」という意味では同じ。
（9）『孟子』巻八、離婁章句下。ここの訳は、岩波文庫本『孟子』下巻、一〇六頁を参照している。
（10）『礼記』巻四八、祭義。

(11)『孝経』巻六、紀孝行章第一〇。
(12) ここでは、「従妻子之言」となっているが、『嘉定赤城志』巻三七「風土門」の当該箇所では、「従妻子之歓」となっている。
(13)『礼記』巻五一、坊記。
(14)『礼記』巻二七、内則。

鄭〔至道〕殿のこの部分は、諭俗の第一番目である。まず、『詩経』と『礼記』によって、孝の実践を勧め、次に刑罰によって不孝を戒めたのである。いったい、五刑を適用する犯罪の種類は三千もあるが、その中で不孝以上の罪はない(1)。だが、世の中に親不孝な人がいても、未だかつて不孝による刑罰を受けるものがいないのはなぜなのだろうか。滃川の欧陽氏は、かつてこの問題を次のように論じた。「父母の心は、慈愛に基づくものなので、子孫が人の道に外れても、お上に申し上げようとしないものなのだ」と(2)。これは富貴な者は家門の恥となることを恐れ、貧賤な者はまた、将来、〔子孫に〕養ってもらうことを考えて、一切怒りを抑え我慢をするので、それ故に親不孝者が刑罰を免れるということを言っているのである。しかしながら、そうした父母も、声を抑え怨みの気持ちを呑み込む際に、知らず知らずの中に怨みの気持ちが漏れ出てそれが天に感応してしまうものだ。だから、親不孝者は、時として落雷に倒れたり、疫病で死んだりして、その子孫は衰微してしまうことになる。これは皆、天罰を受けたのである。ああ、人間の刑罰は幸いに逃れられても、天罰は逃れられないのである。人の子として、どうして不孝でありえようか。

昔のこと、劉宋の武帝は老齢になっても、毎日の明け方には継母の蕭太后に挨拶に出向き時間に遅れることはなかった(3)。後漢の太尉の胡広は年齢が八十歳になっても、継母が家に居るときは、必ず朝夕にはご機嫌伺いをし、自分の側に杖や脇息を置かず、自分で老齢だという言葉を発しなかった(4)。近い時代のことだが、陝州夏県〔山西省夏県）の蘇慶文は継母に対する孝養によって知られていた。いつも妻に対して「お前が私の母に仕えて少しでも怠ることがあれば、きっとお前を家から追い出す」と告げていた。その継母は若くして寡婦になって、しかも子供がいなかったが、こうして死ぬまでその家で安らかに過ごせた。(5)〔宋の武帝のような〕帝王でさえ、このように親に孝養を尽くしているのだから、まして一般の士人や民衆は尚更に親に孝養を尽くすべきでなかろうか。また、〔蘇慶文のように〕継母にさえ孝養を尽くしているのだから、ましてや生みの母親に対しては尚更ではなかろうか。

しかしながら、父母が〔子供に〕慈愛を施し、〔それに対して〕子供が親孝行〔によって報いる〕というのは、普通のことである。〔そうではなく〕父母が〔子供に〕慈愛を尽くさないのに、子供が親孝行であってこそ、称賛すべきことなのである。〔古の五帝の一人の〕舜だけが大孝〔非常な孝行者〕と称揚されてきたのは、父親〔の瞽瞍〕は頑愚で、母親は道理の通じない人であったが、〔舜は〕穏やかな心で孝行を尽くしたからだ。(6)思うに、天下に〔舜の例のような〕父母がいないわけではないが、たとえ父親が慈しみの心で接してくれなくても、子供は不孝であってはいけないのだ。確かに親不孝者は常に見られはするが、どこにでもいるというわけではない。後漢の薛包は学問好きで行いの優れた人であった。父親は後添いを迎えると包に憎しみをもつようになり、財産分けして包を家から追い出した。すると包は昼となく夜となく泣き叫んで立ち去ろうとせず、ついには棒で〔父親に〕殴りつけられた。そこでやむを得ず家の外に仮小屋を建てて、夜が明けると家に入って掃除をした。父親は、また怒って包を追い払った。そこで、包は村里の入り口に仮小屋を建て、両親に対する朝と晩の挨拶を欠かさなかった。こんなことが一年余り続くと、父母は〔自分たちの行為を〕恥じて包を家に帰ってこさせた。(7)子供として不幸にも仕え難い親に仕えようとすれば、どうして舜と薛包の事例が、懸命に努力して手本とすべきものではないといえようか。

（1）『孝経』巻六、五刑章。その下の夾注に、「五刑謂墨劓剕宮大辟也、条有三千、而罪之大者、莫過不孝」とあって五刑の具体的名を挙げている。

（2）典拠不明。したがって渝川の正確な地名比定もできない。ただ、本書の巻下「戒忿争」にも、「渝川」という地名が出てきており、文脈からして応俊が知事をしていた江西新昌県の近在の場所だと想定できる。さらに、『雍正江西通志』巻一四に、「新喩南為渝川、県本以渝水名、唐後訛而喩」とあり、渝川は、江西新昌県が属する筠州の南隣の臨江軍にある新喩県の別名と思われる（巻下「戒忿争」の応俊続編の註(15)参照）。なお、この話は、明・黄佐『泰泉郷礼』巻三「勧孝文」にも、氏名を特定せずに引用されている。『泰泉郷礼』については、井上徹氏に専論がある（「黄佐『泰泉郷礼』の世界――郷約保甲制に関連して――」『東洋学報』六七―三・四、一九八六年）。

（3）『宋書』巻四一、孝懿蕭皇后伝、『南史』巻一一、后妃伝上。この話は、『温公家範』巻四「子」にも見える。

（4）『後漢書』列伝巻三四、胡広伝。なお、『礼記』巻一、曲礼上に、「夫為人子者、……恒言不称老」とあるように、子供が親に対して面と向かって、自分が年老いたと言わないのが礼儀なのである。この話は、『温公家範』巻五「子」にも見える。

（5）司馬光『温国文正司馬公文集』巻六五（『伝家集』は巻六九）「序賻礼」。なお、本文に蘇慶文の郷里を「陝州」に作るが、この「序賻礼」の記述に従って「陝州」に改めた。ちなみに、この話は、洪邁『容斎随筆』巻七「洛中盱江八賢」に、司馬光の「序賻礼」をそのまま引いて紹介され、また『宋史』巻四五六、孝義伝にも載っている。

（6）ここの部分は、北宋五代目の皇帝の英宗に向かって、宰相の韓琦が宣仁太后（四代目皇帝仁宗の皇后）に孝養を尽くすべきことを説いた言葉とかなり似通っているので、あるいはこの韓琦の言説を踏まえているのかも知れない。ちなみに、『続資治通鑑長編』巻一九九、嘉祐八年十一月末の条に、韓琦の英宗に対する言葉として「自古聖帝明主、不為少矣、然独称舜為大孝、豈其余尽不孝也、父母慈愛而子孝、此常事、不足道、惟父母不慈愛而子不失孝、乃可称爾」とある（『宋史』巻三一二、韓琦伝の記述もほぼ同じ）。なお、舜の父母の愚昧さについては、『尚書』巻一、堯典や、堯典を踏まえた『史記』巻一、五帝本紀などに記されている。ちなみに、『尚書』堯典には、「岳曰、瞽子、父頑母嚚象傲、克諧以孝、烝烝乂、不格姦」とある。この舜に関する話は、『温公家範』巻五「子」、『小学』巻四「実明倫」、『古今事文類聚』後集巻三「舜為大孝」、同書後集巻五「舜事後母」にも見られる。

（7）『後漢書』列伝二九、薛包伝。この話は、『温公家範』巻五「子」、『小学』巻六「実明倫」にも見られる。

兄弟とは仲良く（「友兄弟」[1]）

兄弟は父母から等しく身体を授かり、同じ気によって生まれた、いわば骨肉のなかでも最も身近な存在である。【老泉（蘇洵）の「〔蘇氏〕族譜引」に、「兄弟も〔もとを辿れば〕その初めは一人の身体であった」とある[2]】。『詩経』に、「現在の人間関係の中で、兄弟以上に身近な存在はない。だから、死という他人ならば恐れて避けようとする禍が起きても、兄弟の場合は非常に思いやる」とあるが[3]、それは死亡の際は〔他人は恐れを抱いても、兄弟は〕お互いにいつくしみ助けあうということを言っているのである。

【西晋の咸寧（二七五〜二七九）中のこと、はやり病いで庾袞《ゆこん》の二人の兄が亡くなり、次兄の毘も死にかけた。疫病が蔓延すると、父母や弟たちは〔病気を避けるため家の〕外に出てしまったが、袞だけは家に留まっていた。親戚の皆が〔外に出るように〕強制すると、「私袞は病気を恐れやしません」と答え、とうとう自分から毘を抱きかかえ、看病を行って昼も夜も眠らなかった。その間にも、〔袞は死んだ兄たちの〕棺を撫でさすり声を挙げて泣き悲しむのを止めなかった。こうしたことが百日あまり続き、疫病の流行が落ち着くと、家族が家に戻ってきて、毘の病気も直り、袞も何ともなかった[4]】。

『詩経』には、また、「〔水鳥の〕鶺鴒《せきれい》が〔いつもいる水辺でなく〕原っぱにいると、鶺鴒の兄弟はその救難にかけつける。兄弟が塀の内側で争っていても、外で兄弟の誰かが侮《あなど》りを受けると、心を一つにして侮りを防ぐ」とあるが[5]、それは難儀があれば、兄弟はお互いに助け救いあうということを言っているのである。

【後漢時代のこと、姜肱〔と弟の季江〕兄弟が盗賊に出会った。兄弟は互いに自分こそ殺してくれと争ったところ、ついに二人とも釈放された。しばらくして郡城に辿り着いたが、盗賊のことは一言も触れなかった。盗賊はそのことを聞いて感激してそれまでの行為を悔い改め、後に肱の学塾に来て面会を求めて彼に謝罪した(6)。〔前漢末から後漢初めの混乱期に〕趙孝の弟の礼が〔飢えた〕賊に捕まり、いまにも食べられそうというとき、孝は自分を縛って賊のもとに出向き、「礼は痩せていて、肥えた私の方がいい」と告げた。賊は孝の気持ちを理解して、二人とも釈放してやった(7)。西晋の索靖の子供の綝《りん》は字を巨秀といい、〔州郡の長官によって〕秀才に推挙され、〔中央政府から〕郎中に任命された。かつて、彼は兄の敵討ちをして自ら三十七人を殺したが、当時の人びとはこの行為を壮挙だとしないものはなかった(8)】。

〔春秋時代〕衛の宣公には二人の息子、伋《きゅう》と寿がいた。あるとき、伋は告げ口され、かくて宣公は伋を斉に使者として派遣し、その途中で盗賊に待ち伏せさせ彼を殺そうとした。寿は計画を知って伋にそのことを告げて行かせないようにしようとしたが、伋は「父の命令は破棄できない」と述べた。そこで、寿は伋よりも先に出発して盗賊に殺されてしまった。後からやってきた伋は、その場所に到着すると、「寿に何の罪があるというのか。どうか私を殺してくれ」と言うと、盗賊は伋も殺した(9)。だから、詩人は、「二子乗舟」と題する詩を作って、この二人の兄弟のことを偲《しの》んだのである(10)。

【毛氏（毛亨《こう》）は次のように言っている。「伋は宣公の世継ぎであって、宣公は伋のために斉の女性を娶ってやったが、彼女が美しいので宣公が奪い取り、寿と朔が生まれた。〔時が流れて〕朔は母親と一緒に伋を宣公に讒訴したため、宣公は伋を斉に行かせ、賊に先回りをして狭い道で待ち伏せさせ彼を殺そうとした。寿はそのことを知って伋に告げ立ち去らせようとしたが、伋は「君命であるから逃げるわけにはいかない」と答えた。そこで寿は〔使節がもつ〕旗印を盗み出して伋よりも先に出かけ、賊は寿を殺した。伋はその場所に到着し、「君命は私を殺せということだ。寿にどんな罪があるというのだ」と賊に言い募ると、賊は伋も殺した(11)。〔南宋の〕真文忠公（真徳秀）が述べている。「国を手に入れる以上に大きな利益はないが、〔殷の末期、孤竹君の子供の〕伯夷と叔斉は互いに国君の後継者の地位を譲り合った。そのことを思えば少々の土地やお金などは比べものにならぬほど取るに足りないものだ。また、命を失うことほど大きな被害はないが、伋と寿は互いの身を思って死んでしまった。そのことを見れば、何が利益だ何が損害だ、何が得だ何が損だなどということは、本当に取り立てて言うほどのものではないのだ」(12)。張宣公（張栻《しょく》）が述べている。「叔斉が伯夷に後継者の地位を譲ろうとしたのは、伯夷は長子ゆえに国君となるべきであり、兄弟の順序という正しいあり方を無視して、どうして国が成り立つかと考えたからである。一方、伯夷が国君の地位を受け入れなかったのは、叔斉が跡継ぎになることは父親の命令だからだ。親と子の正しいあり方を無視して、どうして国が成り立つかと考えたのである。二人とも国を失いはしたが、それぞれ人としての筋目を通した。伯夷と叔斉は孤竹君の子供である(13)】。

〔西〕晋の王祥と王覧は異母兄弟である。母親の朱氏は〔自分の産んだ子供でない〕祥を可愛がらず、祥は鞭打たれた。そのとき覧は数歳になったばかりであったが、祥が打たれる度に泣きながら彼を抱きかかえるのであった。〔二人とも大人になると〕朱氏は祥を不当に働かせたが、覧はその度ごとに一緒に立ち働いた。また、朱氏は祥の妻をもこき使ったが、覧の妻も一緒に働いた。朱氏は、覧とその妻のこうした行為を気に病んで、祥やその妻の酷使をやめた。また、あるとき、人を使って毒入り酒で祥を殺そうとしたが、覧がそれに気づき、祥と争ってその酒を奪い取って飲もうとしたので、朱氏はとうとう毒酒を奪い取った。その後、朱氏が祥に食べ物を与えようとすると、覧は必ず最初に味見をした(14)。いったい、異母兄弟でさえ、このように〔互いを気遣う〕のだから、ましてや同母兄弟の場合は尚更ではなかろうか。〔五代十国時代〕南唐の江州（江西省九江市）の陳氏一族は七世代にわたって財産分けをせず同居しており、食事どきには一族数百人が一堂に会し、広い食卓に年齢の高い順から着席した。その家には百余匹の犬が飼われていたが、同じ餌箱で一緒になって食べ、一匹でも到着しないと、他の犬も食べずに待っていた(15)。禽獣でさえ、このように〔仲がよい〕のだから、まして人間の兄弟は尚更ではなかろうか。今、お前たち民衆をみていると、人の道としての礼儀を弁えず、天性に悖《もと》るような行為をし、血の繋がったものとさえ、まるで遠く離れた秦と越のように情愛がかけ離れ、同じ屋根の下に暮らしていても、道ばたで出会う他人のようによそよそしくしている。[16]これではどうして兄弟関係の正しいあり方を知っているといえようか。

後漢の薛包は学問好きで行いの優れた人であった。弟の子供が財産分けと別居とを要求すると、包はそれを止めることができず、財産を分割した。奴婢は年老いたものを自分に引き取って、「これは私と長いこと一緒に仕事をしてきたので、お前では使いこなせない」と述べた。田畑や家は荒れ果てたものを自分の取り分として、「これらは私の若いときに整備したもので、愛着があるのだ」と言い、什器はボロボロのものを自分のものとして、「これは私が普段から使用して食事してきたもので、身体も口も安心できるものだ」と告げた。弟の子供は何度も破産したが、その度ごとに包は救ってやった。[17]

嗚呼《ああ》、兄や弟、叔父や甥といった様々な間柄が不和になるのは、全て財産争いの不平・不満に起因するのだが、少しでも薛包の姿を慕う気持ちがあるならば、どうして争いごとになるといえようか。

（鄭至道の原編）

（1）『嘉定赤城志』巻三七「風土門」では「愛兄弟」に作る。
（2）『嘉祐集』巻一三「蘇氏族譜」引。なお、『嘉祐集』は版本によって巻数にずれがある。ここでは四部叢刊本に従った。
（3）『詩経』巻九―一（朱熹集註『詩集伝』は巻九）〈小雅〉常棣。
（4）『晋書』巻八八〈孝友〉「庾袞」伝。この話は、『温公家範』巻六「弟」、『小学』巻六「実明倫」、『古今事文類聚』後集巻八「兄疫不去」にも載る。
（5）『詩経』巻九―一（朱熹集註『詩集伝』は巻九）〈小雅〉常棣。

（6）『後漢書』列伝巻四三、姜肱伝。本文の「徴君」を「姜肱」と訳したのは、『後漢書』の本伝に記すように、姜肱が相次ぐ官職就任への誘い（「徴」）を受けながら、それに応じなかったことに因む称謂だからである。なお、この姜肱と次の趙孝の逸話は、確かに『後漢書』に載っているが、文脈からすると、『古今事文類聚』後集巻八「遇賊争死」の記事とよく似ている。姜肱の話は、『蒙求集註』巻下「姜肱共被孔融譲果」にも載る。

（7）『後漢書』列伝巻二九、趙孝伝。この話は、他に『温公家範』巻七「弟」にも載る。

（8）『晋書』巻六〇、索綝伝。『琴堂諭俗編』の本文は「索琳」に作るが、『晋書』の本伝によって「索綝」に改めている。なお、訳文に索綝が州郡の長官によって秀才に推挙されたと記したのは、魏晋時代、人材を中央に秀才として推挙するのが州郡の長官だったという宮崎市定氏の研究に基づく（『九品官人法の研究――科挙前史――』第二編第二章「魏晋の九品官人法」、東洋史研究会、一九五六年、『宮崎市定全集』六、岩波書店、一九九二年、中公文庫、一九九七年所収）。

（9）『春秋左氏伝』巻七、桓公一六年の条。

（10）『詩経』巻二―三（朱熹集註『詩集伝』は巻二）〈邶風〉二子乗舟に、「二子乗舟、汎汎其景、願言思子、中心養養、二子乗舟、汎汎其逝、願言思子、不瑕有害」とあり、その詩を載せている。朱熹集註『詩集伝』の当該箇所の註には、「二子、謂伋寿也、乗舟、渡河如斉也」とあり、更に『史記』巻三七「衛康叔世家」の記述を引用して宣公が伋を斉に派遣し、伋と寿が途中で殺害された経緯を記している。この話は、『温公家範』巻七「弟」にも載る。

（11）毛氏は、むろん前漢の毛亨で、『詩経』を伝えたという人物。ここの「毛氏曰」以下の文は、十三経注疏本の『詩経』巻二―三〈邶風〉二子乗舟の疏の中に載っている。なお、朱熹集註『詩集伝』の当該箇所では、「旧説」として、ここの話を紹介している。

（12）真徳秀『西山読書記』巻一四「長幼」。なお、伯夷と叔斉については、『史記』巻六一、伯夷列伝第一に載っており、他に『温公家範』巻七「弟」、『小学』巻四「敬身」、『古今事文類聚』前集巻二一「兄弟交遜」にも見える。

（13）張栻『癸巳論語解』巻四「述而篇」。

（14）『晋書』巻三三、王覧伝。朱氏が王祥を毒殺しようとしたことについて、鄭至道は「又嘗使人以毒酒殺祥」に作るが、『晋書』では「密使酖祥」に作り、ニュアンスに相違があるが、訳文は鄭至道の文章に従う。ここの王祥をめぐる話は、『温公家範』巻七「弟」にも載り、『小学』巻六「実明倫」には毒殺しようとした話を除いて載っている。

（15）『五代史記』巻六二、南唐世家。この話は、『小学』巻六「実明倫」、『古今事文類聚』後集巻一「犬亦共牢」にも載る。

（16）『嘉定赤城志』巻三八「風土門」では「情猶秦越」が「情同胡越」になっている。また、『嘉定赤城志』は、「迹如路人」から「豈知兄弟之義哉」の間に、「以至計分毫之利、而棄絶至恩、信妻子之言、而結為死怨」の語句が入っている。
（17）『後漢書』列伝二九、薛包伝。この話は、『温公家範』巻六「伯叔父」、『小学』巻六「実明倫」にも載っている。

鄭〔至道〕殿のこの部分は、諭俗の第二である。初めに、「死喪孔懐（死喪は孔《はなは》だ懐《おも》う）」という経典の字句を挙げて、兄弟が慈しみあおうとすることを述べ、次いで「急難禦侮（急難は侮りを禦《ふせ》ぐ）」という字句で、兄弟が救いあおうとすることを述べているのだ。しかしながら、〔『詩経』「小雅」の〕「常棣《じょうてい》」の最後のところに、「妻子の好合すれば、瑟琴を鼓するが如し。兄弟の既に翕《あ》えば、和楽し且つ湛《たの》しむ（妻子と心が通い合えば、まるで琴を奏でるようにしっくりゆく。兄弟の気持ちが合えば、和やかで楽しいものとなる）」とある。そもそも、「常棣」は兄弟関係を楽しくさせるという意味の詩であるが、言葉として先に妻子を出し、兄弟を後にしたのはどうしてだろうか。思うに、兄弟間の不和は、いつも妻子による離間作用に起因している。だから、顔之推は兄弟のことを論じて、「幼いときは父母が兄弟皆を右に左に引き連れ、前に抱え後ろに付き添って、保護を与えてくれる。食事は同じテーブルでとり、衣服は同じものをおさがりで順に着て、一緒に勉強し一緒に遊ぶのだから、やんちゃな子供がいても、愛情が通じ合わないことはない。大人になって、それぞれが妻を娶り子供ができるようになると、温厚な人であっても、多少は兄弟に対する愛情が稀薄になるのは仕方ない[1]」と言っている。〔北宋の〕柳氏〔柳開〕の家訓にも、「どの家の兄弟にも人の道を踏み外す者はいる。それもこれも、妻を娶り婦人が家の中に入ってくると、異姓が集まることになって、互いに長短を競い合うようになるからだ。日々そうしたことを見聞きして重なってくると、自分の家族財産だけを大切にして、遂には互いに背き合い分家に至ってしまい、互いに敵同士のように嫌いになるけれども、それは全て婦人によってもたらされたものなのだ。〔それを上手に処理できる」腹の据わった男など幾人いるだろうか。いったい、婦人の言葉に惑わされない者など少ないのだ」と言っている(2)。近い時代のことだが、三衢《く》（浙江省衢県）の袁氏（袁采）の『（袁氏）世範』にも次のように言っている。「人の家の不和は、多くの場合、婦女子の言葉で夫やその仲間を激怒させることによる。思うに、婦女の考えは広くも深くもなく、不公平なものである。また、いわゆる『おとうさん』『おかあさん』や『おねえさん』という呼び方も、それは仮のものであって、無理に呼び合っているだけで、自然や天性に由来するものではない。だから、平気で恩愛の情を絶ち、怨みを晴らしたりするのだ。男として先々の見通しをもっていなければ、婦人にいいように引きずりまわされてしまっても、それに気づかず、家中にいざこざが生じてしまうのだ。そうすると、身近な兄弟や子供・甥で、しかも家屋が隣であったり垣根も繋がっているような近くに住んでいても、死ぬまで行き来しない者も出てくる。或いは、自分に跡継ぎの息子がいなくても、兄弟の子供をどうしても跡継ぎにしようとはしないし、逆に自分に多くの息子がいても、跡継ぎのない兄弟に養子として与えようともしない。また、兄弟が貧乏でもそんなことに頓着しないで、親の面倒は平等に負担する必要があるとして、かえって親の面倒をそっちのけにして構わないでいたり、やはり兄弟が貧乏であっても、親の葬儀費用は均等にすべきだと主張して、葬式そっちのけで喧嘩する者もいる(3)。昔、よく心得た人がいて、婦女子は言い聞かせて納得させることが不可能だということを分かっていて、家の外では兄弟に対して愛情を注ぎ、いつも兄弟とのよしみを失わないようにし、困ったことがあると密かに助けてやり、物が無ければ与えてやるのだけれども、女たちにはそのことを黙っていて知らせない」と(4)。これは妻子と兄弟の間をうまく処理したものだといえるだろう。

　隋の牛弘が吏部尚書であったときのこと(5)、あるとき弟の弼が酔いにまかせて弘の車を引く牛を射殺してしまった。弘が帰宅すると、妻は出迎えながら、「弟の弼さんが牛を殺しました」と告げた。弘は、そのことを聞いても不審に思って訊ねることをせず、ただ「乾し肉にしなさい」と言っただけであった。弘がくつろいで座に着くと、妻はまた、「弼さんが牛を殺したのですよ。これはとても大変なことではないですか」と告げた。弘は「既に知っている」と言ったまま、顔色も変えず落ち着いて読書に没頭した(6)。唐の宰相の韓滉に夫人の柳氏が生んだ幼子がいた。弟の湟がその子を手に載せて遊んでいたところ、誤って手から落として死なせてしまった。滉は湟の気持ちを傷つけさせまいとして夫人に泣くのを禁じた。兄がこのようであれば、妻妾のような他人がどうして兄弟の間を裂くことができようか(7)。

しかしながら、婦人の中には賢明にして兄弟の和睦をもたらす人もいる。昔のこと、汝敦は兄と同居していた。家には先祖からの財産があって、兄嫁はそれをどうでも自分の物にしようとして言葉や顔つきにまでその気持ちが目立ってきた。そこで、敦の妻は田宅や召使いまで全部を兄に呉れてやるように敦に勧め、自分たちは家を出て別のところに住み、ただ荒れた数畝の畑だけを分けてもらった。その後、畑を耕していたら一つの金器が出てきた。敦は妻にそれを見せると、敦の妻は「これは本来、お兄さんに譲るべき御先祖さまのものだから、返しに行きましょうよ」と言った。そこで、敦は妻と一緒にその金器をもって、兄の家に行った。兄嫁は最初、二人が訪ねてきた訳を知らず、お金でも借りに来たのではないかと疑い、あまりいい顔をしなかった。だが、金器を見せられると、小躍りして喜び金器を自分のところに止めようとした。兄は自分の妻のその様子を見て悲しい気持ちになりながらも全てを悟り、直ちに妻を家から追い出し、弟と一緒に住むことになった(8)。世の中には、妻子が原因で兄弟との好誼を失ってしまう人がいるが、この話はそうした人たちの鑑とすべきだろう。

（応俊の続編）

（1）『顔氏家訓』（知不足齋叢書本）巻一「兄弟第三」。なお、現代日本語訳は、宇都宮清吉『顔氏家訓』（平凡社・中国古典文学大系九、一九六九年）四一二頁に従う。

（2）柳開『柳河東集』巻一四「宋故穆夫人墓誌銘」。この話は、『小学』巻五「広明倫」、『古今事文類聚』後集巻八「書寄祝有道」にも載る。また、『中国家訓経典』（海南出版社、一九九三年）にも「皇考戒」と題して、ほぼ同じ内容が掲載されているが（三六〇頁）、『宋史』巻四四〇の柳開伝によると、そもそも『家戒』は千余言あったらしく、いずれの引用文も一部でしかない。

（3）袁采『袁氏世範』（知不足齋叢書本）巻上「婦女之言寡恩義」には、この後に「其事多端、不可概述」の語句がある。

（4）袁采『袁氏世範』（知不足齋叢書本）巻上「婦女之言寡恩義」。この部分の訳は、西田太一郎氏の『袁氏世範』（創元社、一九四一年）四〇・四一頁に従う。なお、『袁氏世範』の訳としては、Patricia B. Ebery, *Family and Property in Sung China; Yuan Ts'ai's Precepts for Social Life*, Princeton U. P., 1984. が袁采の詳しい解説を付して出版されている。当該部分の訳は pp. 206・207.に載る。『袁氏世範』の内容やその史料的意義については、このイーブリィ（Ebrey）氏の訳著の"Introductoin"以外に、古林森廣「南宋の袁采『袁氏世範』について」（同氏著『中国宋代の社会と経済』国書刊行会、一九九五年）にも言及がある。

（5）原文では「牛弘」を「牛宏」に作るが、むろん、訳文のように「牛弘」が正しい。四庫全書本『琴堂諭俗編』の原文が「弘」を「宏」にしたのは、乾隆帝の諱の「弘暦」を避けたためである。訳文では諱を回避する必要がないので、以下、原文の「宏」を全て「弘」に改めている。

（6）『隋書』巻四九、牛弘伝。ただ、本文の文章は、司馬光『温公家範』巻七「兄」の項に載せる牛弘の記事とほとんど一緒で、『隋書』の記事とは話の運び方が異なる。この話は、『小学』巻六「実明倫」、『古今事文類聚』後集巻八「叔射殺牛」にも載る。

（7）この話は、『旧唐書』巻一二九や『新唐書』巻一二六の韓滉伝にも、両『唐書』の他の部分にも見あたらない。最後の「為兄如此、豈妻妾他人所能間哉」は、この話に続くコメントであって、話そのものではないと思われるが、このコメントも含めて、『温公家範』巻七「兄」の項に若干の字句の相違を伴いながら載っている。

（8）『華陽国志』巻一〇、『太平御覧』巻五一六〈宗親部〉「兄弟下」の項。なお、『太平御覧』の当該の項には劉向『列女伝』の記述として載っているが、現行本の『列女伝』には、管見の限り該当する記事は見あたらない。

子孫には教育が必要（「教子孫」）

人というものは、子や孫を持てば、資産の有無や身分の上下に関わりなく、全て教育を施さないではいられないのである。

【臨江軍（江西省清江県）の傅侍郎《ふ》（傅雱）(1)の姉妹の孫にあたる呉氏は、呉大理丞(2)の孫娘でもあるが、徳義を尊び、詩経や礼経によって子供を教え導いていた。あるとき、夫の鄒国俊(3)に向かって、「家は貧しいけれども、ちゃんとした先生を〔子供のために〕選ばなければならない。適当な先生がみつかったら敬意を払わねばならない」と述べた。南齋先生の傅聘君（傅実之）(4)は、この呉氏の言葉を彼女の墓誌銘に記し、墓誌銘の最後の部分である銘文に、「儒家の学統の伝承には何より先生を選ぶことが大事である。良き先生に巡り会い敬意を払うことを知って、その子が勉強すれば必ず賢くなるからである。先生に優れた人材を得て、代々にわたって勉学を怠けないようにすれば、儒学の伝統がその家に脈々と伝わり、両親がいつも側に居るように子供もきちんとする」と記した。蕭秘書丞(5)兄弟が、この銘文について書き記し、世の中における先生を招いて子供を教育させる優れた方法だと述べた】。

いわゆる教えるとは、ただ単に書物の読み方だけをいうのではない。肝心なのは、道理を知り廉恥に気遣い、不法行為をせず、礼儀に外れないようにして、人としての道を貫くことである。古《いにしえ》の人は、子供の誕生以前に必ず胎教を行っており、ましてや誕生後はしっかりと教育した。

【劉向の『列女伝』に、「昔は婦人が妊娠すると、うつ伏せで寝ない、端っこに座らない、片足で立たない、変な味のものは食べない、正しいさばき方をしたものでないと食べない、正しくない席には着かない、変な色のものは見ない、淫らな音楽は聴かない、夜には盲人に詩を朗誦させ正しいことを言ってもらうようにしたものだ。こうすれば、生まれた子供は、容貌は端正でその才能や人徳も人に優るようになった。それ故に、妊娠したときは、必ず五感を謹む。善いものに感化されれば善くなるし、悪いものに感化されれば悪くなるのだ。人間は生まれて色々なものに似るのは、全て母親が色々なものに感化されたためで、それ故に姿や声も様々なものに似るのである」とある。(6) 范蜀公（范鎮）の『東斎記事』に、「宋垂さんが言うには、嘉陵江で二羽の隼が空中に卵を放り投げて、上や下でそれを受け取っているのを見たが、川近くの人によると、そうすることで飛ぶことを卵に教えているのだということである。それは胎教の意味なのであろうか」とある。(7) 私（応俊）は、隼は鳥類でありながら、それでもちゃんと子供は教育すべきだと知っているのに、まして人間でありながら鳥よりも〔教育という点で〕劣っているべきであろうか、と思うのである。司馬公（司馬光）の『〔温公〕家範』に次のように述べている。「子供が産まれると乳母を捜すけれども、必ず、温柔で慎ましやかな良家の婦人を乳母に選ぶべきである。乳母が良くなければ、家の秩序を乱すだけでなく、育てられる子供の人柄や行動も（悪い乳母に）似てしまう」(8)】。

子供が誕生して物心がついてないときは、礼儀に基づいて育て上げるのである。まして物心がつくようになったら〔なおさら礼儀に叶った教育をしなければならない〕。

【『韓詩外伝』に、「孟子が幼いときのこと、東隣りの家で豚が殺され、その理由を尋ねたところ、母は〔冗談めかして〕『お前に食べさせようとしてだよ』と答えたが、しばらくすると言ったことを後悔して、『昔は胎教ということがあったと聞いている。それなのに、今、物心がついてから欺くようでは、不信を教え込むことになってしまう』と述べ、そこで鄰家の豚肉を購入して食べさせた」とある。(9)『説苑《ぜいえん》』に、「父母がきちんとしていれば、その子孫は孝行で慈しみ深くなる。かくて、孔子の家の子供は怒りを知らず、曾子の家の子供は罵ることを知らなかった」とある。(10) 人の父としては、この意義を知っておくべきだ】。

だから、顔之推は子供を教育するやり方を論じて次のように述べている。(11)「少なくとも三、四歳になって、ほぼ大人の表情が判るようになり、その喜怒の感情が識別できる頃になったらば、すぐ躾をはじめて、やらせることはやらせ、止めさせることは止めさせるという風にすべきであろう。そうして、五、六歳にもなったら、そろそろ体罰を加えることも考慮すべきだろう。父母なるものは、威厳をもちながらも、慈愛さえあれば、子供から畏敬の念をもって親を敬愛する孝心も生まれようというものである。しかし、世間の親たちを見ると、〔これと反対で〕躾には無頓着で甘やかすばかり。食事の作法を初めとして、言語動作の全てにわたって我が儘に放任しておき、戒めねばならぬことを反対におだてたり、厳しく叱って然るべきところを、かえってご愛敬だと笑ってすませたりしている。そんな子供が少し物心がついてくると、人の世はこれで結構通用するものだ、と思うようになり、そのうちすっかり手に負えなくなって、今更のように抑えにかかる。はては腹立ちまぎれに、死ぬほどひっぱたいたところで、親を怖がらず、いきり立てばいきり立つほど、子供は怨みを募らせるだけになってしまう。かくて、無頼背徳の成人になるのである。孔子は、『少《わか》くして成りたるものは天性の若く、習慣は自然の如し』と述べているが(12)、諺にも、『婦人の教育は嫁に来たばかりのとき（「教婦初来」）、子供の躾は幼児から（「教児嬰孩」）』というが(13)、誠に的を射た言葉である」。

【司馬温公（司馬光）の『〔温公〕家範』に、「子供を可愛がる人は多くの場合、『この子は、幼くてまだ物心がついていないだけなのだ。その成長をまってから教育しよう』と言う。だが、これは、丁度、まだ芽を出したばかりの拗《ねじ》けた木をそのまま育てながら、一抱えもある木に成長してから切り倒すと言っているようなもので、かえって労力が多くかかるのではなかろうか。また、こうしたことは、駕籠を開け放って鳥を逃がしてから捕らえたり、手綱を解いて馬を放ってから追いかけて捕らえたりするようなもので、最初から鳥を逃がしたり馬を放ったりしないことに比べて、どちらが簡単なのか」とあるが(14)、またこのことの意味なのである】。

しかしながら、子供の教育の仕方には、習い親しむという点を慎重に考慮しなければならない。昔、〔五代・宋初の時期〕黄筌・黄居寀・黄居宝(15)という蜀出身の著名な絵描きがいた。彼らは鳥獣画を得意とし、家には沢山の鷹や隼を飼い、その類い稀な姿を観察して見事に写し取るので、絵は真に迫っていた。だが、その子孫たちは画業を捨て去り、なかには獣狩りや鷹狩りを商売とする者もいて、狩り用の鷹や隼を多く飼育したので、飼育のために鼠を購入したり鼠を捕獲したりした。すると、また、後の世には、子孫の中に鼠の捕獲を生業とする者が出てきた。こうして時代が下るにつれてだんだんと仕事が下賤になってきたが、これらはいずれも習い性によってもたらされた結果なのである。范蜀公（范鎮）は、これらのことを記し、その上で、「博打の道具のある家では、博打をしない子孫はいないし、書物のある家では書物を読まない子孫はいない。こうしてみると、習い性となることに、どうして気をつけないでいられようか」という論評を付け加えている(16)。

【李子木の「書閣吟」(17)に、「家中に黄金と珠玉を貯め込めば、子孫は一生懸命にそれを使い込もうとする。家中に楽器を一杯にすれば、子孫は酒食に溺れることを学び取る。こうして見ると、孔子様の深慮遠謀は偉大だといえるのではあるまいか(18)。何しろ、竹林の中に高殿《たかどの》を建てて、そこに多くの書物を蓄えておけば、古人の功を紐解いて尋ねられる。子孫がその高殿に入れば、時間を無駄にすることは無いし、ここの書物に精通すれば、黙っていてもやがて高位高官に這い上がれるし、徳義も日に日に向上し、見聞も深く豊かになる」とある。あなた方は、後漢時代の辺先生（辺韶）が昼間に太鼓腹を突きだして惰眠を貪っていると弟子に批判されたとき、腹には五経が詰まっていて、昼寝をしながらも経典の内容を考え、周公とも夢でお会いしていると答えたことや、隋末の王績（大儒の王通の弟）が郷里に帰ると仲長子光という口の利けない隠者と仲良くなって生活を助けてやっても、恩義を着せるでも無く、一緒に酒を飲むときも、特に言葉を交わすわけでも無く、ただニコニコしながら黙って飲むだけであったことを知らない訳はない。彼ら二人の清々しく颯爽とした心映えは現在まで伝えられている(19)。また、前漢〔宣帝時期の丞相〕韋賢の話を知らない訳はなかろう。彼は政府に出仕するまでは『礼記』と『尚書』を研鑽し、『詩経』を教えて暮らしを立てていた。その四人の子供たちに対しては黄金に恬淡たるように教育していたが、それぞれが任官し出世をした。すると、郷里の魯では「子供に沢山の黄金を残すよりも、一つの経典の方が遙かに優る」という諺が出来た(20)。辺韶以下の話も言いたいことは同じなので、ここに付け足しておく】。

〔黄氏一族のような〕画家のことは、取り立てて責め立てるべき問題ではない。近頃のことであるが、我が瑞州の林家巷に両浙転運使にまで出世した人物がいた。公務の暇なときは、いつも子供に申しつけ、樗蒲《ちょ》（一種の博打）の対戦をして一日を過ごした。彼が死去すると、子供たちは、とうとう樗蒲によって破産し、困窮して憂心が鬱積した果てに、口に出して言えないことまでもしでかしてしまった。[21] 昔、丁文簡公度の祖父の顗《ぎ》は、私財をなげうって八千巻に及ぶ書籍を取りそろえ、更に「私は、こんな多く書籍を集めたのだから、子孫の中に必ず学問好きが現れるに違いない」と述べた。果たして、文簡公（丁度）のときに参知政事となったのである。[22]

こうしてみてくると、范公（范鎮）の指摘は、どうして欺きであったといえようか。しかしながら、子孫が賢いかそうでないかということは、またその祖父や父が何をどのように積み重ねてきたかということに掛かっているのであって、どうして人の力で無理に教えこんで矯正できようか。唐の時代、盧坦が河南県（河南省洛陽市）の尉（県尉の職掌は司法・警察）となったとき、県尹（知事）は杜黄裳であった。あるとき、杜は盧坦を呼んで、「某家の息子が悪い連中と付き合って家を破産させた。どうして察知できなかったのだ」と訊くと、坦は「一体全体、官僚として廉潔であれば、大臣の位にいる人でもそんなに蓄えがあるものではありません。つまり、充分に蓄えを積んだという人は、必ずといっていいほど下から搾り取ってそうなったのです。もし、その子孫が更にその財産を守り通したとすれば、これはもう天が不正不道徳な家を富ませるということになります。ですから、息子たちに不道徳な行いを勝手にやらせて、財産が他人のものになるのに越したことはないのです」と答えた。[23] これもそれ自体に根拠のある議論といえよう。人の祖父や親となったものは、よく考えておくべきことであろう。

【（附録）誠齋先生楊文節公（楊万里）の子弟教育の勧めに、次のように説いている。「金持ちや高貴の家の子弟が、大抵、世間を何にも知らなかったり、馬鹿丸出しなのを以前に見たことがあるが、そうなった咎を子弟にだけ帰着させるわけにはゆかないのだ。むしろ、ちゃんとした教育をしなかった父兄の過ちなのである。だが、金持ちは、『私は財産を残してやったのだ』と言い、身分の高い人は、『私は地位と俸禄を残してやったのだ』と主張し、ちゃんとしたことをしてやったと考え、学問には向かわせないでいる。他方、子弟の方は頼りになるのは父兄だと思い、学問には振り向きもしない。こうして無知でボーッとして識見も知恵も何も持たないことになり、自分では着たり食べたりしながら、それを産み出す農業の苦労や、礼儀と廉恥といった道徳も知らないでいる。一旦、父兄を失ってしまうと、寄る辺無く家をダメにして狼狽してしまうというのが、十のうち八か九であろう。私は、家には貧富があるし、人には賢愚があるものだが、そのいずれにせよ子孫に対しては教育をしないわけにはいかない、と思う。教育すれば、科挙に合格して功名を挙げ、家に栄光をもたらすだけでなく、礼儀や廉恥をわきまえ、多少とも世間のことにも通じることになり、つまらない人間や馬鹿な人間にならないで済み、誠に結構なことなのである。人びとがこのように子孫に対処すれば、財産や爵禄を残さなくても、自分でそうしたものを手に入れるだろう。もし、教育を施さず、財産や爵禄だけを残したとしても、それを守りきることはできない。そうでなければ、どうして昔の人が〔前掲、前漢の韋賢の逸話にみられるように〕『子供に沢山の黄金を残すよりも、一つの経典の方が遙かに優る』と言ったりしようか」と。[24] この楊文節公の仰ることは本当だと言えよう。司馬温公（司馬光）の『〔温公〕家範』に次のようにある。[25]

「祖父として、自分の子孫に利益があるように考えないものはいない。だが、本当に利益を与えられるものは少ないのだ。何故かというと、現在、後世の子孫のためにという場合、大体、手広く生計の手段を講じて財産を残すということに過ぎない。しかし、田畑は多くの畦道を連ね、邸宅は幾つかの街路に跨ぐほど、倉には一杯の穀物、箪笥には溢れるほどの黄金や絹があっても、それに飽き足りずに求めに求めても、まだ足りないと感じるものなのだ。また、嬉々として貯め込んでも、何代にもわたって子々孫々が使用するのだからそれで充分でないと考える。しかし、子供に正しい人の道を教え、礼儀に叶った方法で自分の家を整えさせるということを知らないでいる。そうして、自分は数十年もかけて辛い思いをし身を粉にして働いて財産を集積しても、子孫たちは僅かの年月の間に、贅沢をしたり遊蕩して財産を使い果たしてしまい、かえって祖父母や両親は馬鹿で自分の楽しみを知らないとせせら笑うのである。

あるいは、祖父母や両親はケチで、子孫に恩愛を及ぼさず扱《こ》き使うばかりだと恨み言を述べるのだ。あるいは、最初のうちは、自分の欲望を満足させるために誤魔化して財産をかすめ取って、足らなければ契約書を作成して他人から借金をし、祖父母や両親が死ぬのを待って償還しようとする。その心根を見てみると、祖父母や両親が「死なないで」いつまでも長生きしていると思い悩んでいるだけなのだ。極端な場合、祖父母や両親が病気になっても医者にも見せなかったり、密かに毒を盛ったりするのである。とすれば、先に述べた子孫に利益を与えようとすることこそが、子孫の悪行を助長し自分の身に禍を降りかからせることになるのだ。近頃、その祖先に本朝の名臣ともなった、ある士大夫の話がある。家は豊かであったが極めてケチで、一寸した穀物や布切れでさえも、出納の管理や倉庫の鍵の開け閉めは必ず自分で行っていた。昼は鍵を肌身離さず持ち歩き、夜は鍵を枕元に置くという有り様であった。あるとき、病気で意識不明となり人を識別出来なくなった。すると、子や孫たちはこの鍵を盗みだして蔵を開け箪笥を開いて金目のものを取り出してしまった。意識が戻り、枕元を探したが鍵は見つからず、憤りのあまり、ついに亡くなってしまった。子や孫たちは泣くこともせず、争って財産を隠匿し、とうとう訴訟沙汰にまで発展した。嫁入り前の娘も愚かな女で自ら訴訟状を手にして、結婚費用が欲しいと府に裁判を訴え出て、隣近所の物笑いになったのである。思うに、こうしたことは、幼児から大人になるまで、ただ利益になることだけを知っていて正しい人の道を知らないことによるのである。そもそも、人は生きていくための資産は無しでは済まされないけれども、多くを求めてはいけないのである。有り余れば問題を起こさないことは稀である。子孫が賢ければ、粗末な衣服を着て生計を立てられずに野垂れ死にするなんていうことはどうしてあり得ようか。もし、賢くなければ、いくら家一杯の財産があっても、どうして有益だといえようか。だから、沢山に貯め込んで子孫に残そうとすることは、私からすれば愚の骨頂だと思えるのである。そうすると、聖賢と呼ばれる人は子孫が困窮することを全く顧みないのかという反論があるだろう。私は、それに対して、『どうしてそういえるのだろうか。昔は聖人は「徳」と「礼」を子孫に残し、賢人は「廉」と「倹」ということを子孫に残した云々、有益なことでこれほど大きいものがあるだろうか』と」】。

（応俊の続編）

(1)『隆慶臨江府志』巻一二「人物列伝」に、「傅雱、字彦済、清江人、政和八年進士、高宗初相李綱薦雱可使虜、仮工部侍郎充通問使行、尋詔止之、授朝奉郎尚書考功員外郎」とある。

(2)大理丞の呉氏が何者であるか、『隆慶臨江府志』などの地方志を初めとして史料的に確認できず、現在のところ不明。

(3)鄒国俊に関する事迹は不明。

(4)『隆慶臨江府志』巻一二「人物列伝」に、「傅実之、字荘父、清江人、宝慶二年進士、（中略）其文行為郷里所称、学者号曰南齋西齋先生云、紹定癸巳、太守王伯大名其地為慶壽里、淳祐以薦召言事、献八箴十事、倶称旨、授承事郎、所著有春秋幼学記、南齋集」とある。

(5)秘書丞の蕭氏が何者であるか、『隆慶臨江府志』などの地方志を初めとして史料的に確認できず、現在のところ不明。なお、本文に記す墓誌銘の存否については、管見の限り不明。

(6)劉向『列女伝』巻一〈母儀〉「周室三母」。ただ、最後の「皆其母感於物、故形音肖之」の部分は、『列女伝』では「皆其母感於物、故形意肖之」となっている。この話は、『温公家範』巻三「母」、『古今事文類聚』前集巻一九「謂能胎教」にも見え、また「才徳必過人矣」までは『小学』巻一「立教」にも載っている。

(7)『東斎記事』巻五。宋垂は不明。守山閣叢書本では、「宋君垂嘗言、嘉陵江上見二鵰、擲卵相上下以接之、蓋習其飛也、其胎教之意乎」とあり、「鶻（はやぶさ）」が「鵰（わし）」となっている他、「江上人云」という語句が無い。

(8)『温公家範』巻一〇「乳母」にも乳母選びの大切さを説いているが、ここの引用文の内容からすると、本文にあるような『温公家範』ではなく、司馬光『司馬氏書儀』巻四〈婚儀下〉「居家雑儀」が出典と思われる。

(9)『韓詩外伝』巻九。この話は、『温公家範』巻三「母」、『小学』巻四「立教」の項には、有名な「孟母三遷」の教えに続けて載せている。また、『古今事文類聚』後集巻六「買肉教信」にも載る。

(10)『説苑』巻一七「雑言」。ただ、『説苑』は、「父母正則子孫孝慈、是以孔子家児不知罵、曾子家児不知路、所以然者、生而善教也」とあって、幾つかの字句に相違がある。

(11)『顔氏家訓』巻一「教子第二」。ここの訳は、宇都宮清吉氏の翻訳を基にしている（平凡社、中国古典文学大系、一九六九年）。なお、ここの部分は『温公家範』巻三「父」の項にもそのまま載っている。

(12)註(11)の宇都宮訳では、『大戴礼』巻三「保傅」を典拠としているが（四〇八頁）、この言葉は他に『孔子家語』巻九「七十二子弟子解」にも見える。

(13)宇都宮訳によると、「初来」と「嬰孩」の「来」と「孩」は押韻しているという。

(14)『温公家範』巻三「父」。

(15) 原文には「居實」とあるが、この文章の後に引く『東斎記事』は「居寶」に作り、また、多くの有名な画人の事迹を載せる『宣和画譜』も「居寶(宝)」に作るので、それに従う。「實」と「寶」は似た字なので書き写し間違えたと思われる。なお、黄筌・黄居寀・黄居宝の事迹は、『宣和画譜』巻一六・一七にそれぞれの伝に見える。

(16) 『東斎記事』巻四。ただ、最後の部分を、『琴堂諭俗編』は「置習豈可以不謹哉」と作るのに対して、守山閣叢書本の『東斎記事』は、「其所置習不可不慎」に作り、微妙に語句が異なる。

(17) 『全宋詩』、『全宋詞』、『宋詩紀事』、『宋詩紀事続編』などの詩や詞に関する資料に、李子木の「書閣吟」に関することは全く見出せない。

(18) ここの「偉哉夫子謀」とは、さきの『顔氏家訓』も引用している『大戴礼』巻三「保傅」や『孔子家語』巻九「七十二子弟子解」にある「少成若性、習貫之為常」を踏まえていると考えられる。

(19) 『後漢書』列伝巻七〇上、辺韶伝に、「辺韶字孝先、陳留浚儀人也、以文章知名、教授数百人、韶口辯、曽昼日仮臥、弟子私嘲之曰、辺孝先、腹便便、嬾読書、但欲眠、韶潜聞之、応時対曰、辺為姓、孝為字、腹便便、五経笥、但欲眠、思経事、寐与周公通夢、静与孔子同意、師而可嘲、出何典記、嘲者大慙」とある。『新唐書』巻一九六、王績伝に、「乃還郷里、有田十六頃在河渚間、仲長子光者、亦隠者也、無妻子、結廬北渚、凡三十年、非其力不食、績愛其真、徙与相近、子光瘖、未嘗交語、与対酌酒懽甚、績有奴婢数人、種黍、春秋釀酒、養鳧鴈、蒔藥草自供」とある。なお、『旧唐書』巻一九二、王績伝は、この逸話を簡単にしか載せていない。辺韶と王績の話は、原文ではあまりに簡略すぎて分かりにくいので、それぞれの列伝を基に補って翻訳している。後者の、王績と仲長子光との佳話は、蘇軾も題材に取り上げており、蘇軾の名声からすると、宋代では知られた事柄であったのかも知れない(『蘇軾全集』〔中華書局本、一九八六年〕巻六六〔四庫全書本は、巻九三〕「書東皐子伝後」〔東皐子は、王績の号〕)。

(20) 『漢書』巻七三、韋賢伝に、「賢四子、長子方山為高寝令、早終、次子弘、至東海太守、次子舜、留魯守墳墓、少子玄成、復以明經歴位至丞相、故鄒魯諺曰、「遺子黄金滿嬴、不如一經」」とある。原文ではあまりに簡略すぎて話が分かりにくいので、翻訳は列伝を基に補っている。この話は、『蒙求集註』巻上「韋賢滿籯夏侯拾芥」、『古今事文類聚』後集巻六「教子一経」にも見える。

(21) 『方輿勝覧』巻二〇「瑞州」、『正徳瑞州府志』巻一一「災祥志」などの記事によると、宝慶元年(一二二五)、筠州は理宗の諱の昀を避け、更に当時瑞芝が出現したことによって、瑞州に改称された。なお、林家巷が瑞州のどこに存在するのかは、管見のかぎり不明。

(22) 丁顗の聚書については、『蜀文輯存』巻五「丁文簡公度崇儒之碑」に、「謹按牒、公諱度、字公雅、開封祥符人、先世家姑蘇、徙清河、又遷冀、(中略) 大父顗、清泰末、与仲第入契丹、及還乃占今籍、性好学、据笛中金、尽以置経史、得八千余巻、築大室宝蔵之、時名儒若寇懺公・馮魏公並遊其門」とある。また、丁度の参知政事就任は、『宋史』巻二九二、丁度伝に見える。なお、『蜀文輯存』の当該記事は「丁顗」に作るが、『宋史』巻二九二と『東都事略』巻六三の丁度伝では「丁顗」に作る。ここの話は、『古今事文類聚』別集巻一「聚書後必興」にも見える。

(23) 『新唐書』巻一五九、盧坦伝。

(24) この文章は、管見の限り、楊万里の文集『誠齋集』を初め、訓話・教訓などの話を集めた『小学』『童蒙訓』『戒子通録』などにもみえず、現在のところ出典不明。

(25) 『温公家範』巻二「祖」。ただ、本文の引用文にはかなりの省略がある。

一族とは仲良く（「睦宗族」）

親《おや》とは自分自身が生まれ出てきた源であり、祖とは、またその親が生まれ出てきた源である。とすれば、自分自身と自身の親を大切に思う者は、当然、祖先を敬わないではいられない(1)。そして、祖先崇敬の気持ちを押し広めて、〔祖先より〕下の世代に向かって降ろしてゆけば、宗族とは全て祖先が残した身体だといえるのだから、どうしてそれに敬意を払わないでいられようか。要するに、宗族を敬うことは祖先を尊ぶという意味なのである。古《いにしえ》の時代、人間の情愛の軽重に応じて五服という服喪の制度をつくり(2)、それによって肉親の親疎や世代の上下を区別し、そうして上は先祖同士を秩序あらしめ、下は子孫同士を秩序あらしめ、横は兄弟関係を整序づけた。一年の季節ごとの行事の際には、一族が一緒に食事をし、祖先の位牌は昭穆の順に並べられて〔つまり、中央に太祖の位牌（「神主」）を、太祖位からみて左側には二世・四世という具合に偶数の世代（「昭」）の位牌を並べ、右側には三世・五世などの奇数の世代（「穆」）の位牌を並べた〕、〔生者も死者も〕族人同士は儀礼に叶った方法で区分された。かくて、族人同士は、生きている間は恩愛によって喜びを分かち合い、死ぬと規定の服喪ごとに哀悼の気持ちを示し合うようにさせたのであり、そうして初めて宗族の意義も重いものとなったのだ。

現在、お前たち庶民は、人の道に外れることが多く、誰が同族なのか知らないでいる。だから、もし怒りを覚えて、その気持ちを抑えきれなくなると、得物を手にして殴り合いを勝手に行い、相手が一族の目上の者でも遠慮しない。腕力が相手よりも勝ってさえいれば、殴りつけるのである。また、自分の方が金持ちで、相手の族人が貧しければ、実際の耕作や田畑の小作、あるいは駕籠や重い物を担ぐ役割は、皆、同じ一族の人が行い、使役する相手が目上の族人であっても気にしない。自分に相手を養うだけの財産があれば、族人であっても使役するのである。このことこそ、風習が薄っぺらでよくなく、人の道にとって深い害があるということなのである。

（鄭至道の原編）

（1）原文は「不可不以不尊祖」となっているが、『嘉定赤城志』巻三七「風土門」に載る鄭至道「諭俗篇」の当該部分は「不可以不尊祖」となっている。意味からして『嘉定赤城志』の字句に従うべきだろう。

（2）経典に見える喪服制度については、『儀礼』巻二八〜三四「喪服」、『礼記』巻三二・三三「喪服小記」、『礼記』巻四四・四五「喪大記」、同書巻六三「喪服四制」などに記されている。これらの経典に基づく研究は多いが、ここでは比較的早期の研究で体系的な諸橋轍次『支那の家族制』（大修館書店、一九四〇年、『諸橋轍次著作集』巻四、大修館書店、一九七五年再録）を挙げるに止める。

祖先と宗族を尊重すべしという鄭〔至道〕殿のお話は、范文正公〔范仲淹〕の御意志を深く体得したといえよう。[1]しかし、古人の、いわゆる「睦族」という言葉は、どうして自分の同姓の一族だけに止まるといえようか。試しに親族に対する服喪規定から考えてみると、父方には四つ、母方には三つ、妻方には二つの服喪すべき人たちがあり、その親族たちは、全て親しく睦みあわねばならぬ人たちなのである。[2]

昔、春秋時代、斉の宰相の晏平仲〔諱は嬰、平仲は字〕が、みすぼらしい車に痩せた馬という出で立ちで、斉の宮廷の、君臣の見ている前に現れると、桓子〔桓子は斉の大夫の陳無宇の諡〕は、晏嬰のことを君主の恩賜を隠していると言い立てた。それに対して、晏嬰は、「私の身分が高くなってから、父親の一族で車に乗らない者は誰一人としておらず、母親の一族で衣食に困る者も無くなり、妻の一族で凍え飢えてしまう者もいなくなった。斉の国において、私のお陰で生計をたてられた士人は、三百余人もいる。こうしたことは君主の恩賜を隠しているといえるのだろうか、あるいは君主の恩賜を顕彰しているのだろうか」と答えた。(3) 私(応俊)は、晏子の仁愛には等級区別があり、言っていることには順序次第があることをすばらしいと思う。つまり、最初に父の一族をまず取り上げ、次に母の一族、妻の一族に及び、そうしてから縁もゆかりも無い賢者に言及しているからである。これが、いわゆる「その愛するところを以て、その愛せざるところに及ぶ」ということなのである。まさに、晏子のような人は、「睦族」の道を全うしたといえよう。もとより、現在の人たちに晏子のような「睦族」の道を尽くせといっても始まらないし、九族の正しいあり方を損なわない人も少数だろう。それでも、いつも訴訟状を点検していて感じるのは、父や母の一族を訴え、また妻の一族を訴える人間がいるという点である。こうした点からすると、民衆の風俗習慣が古の時代の醇朴さから何とかけ離れていることなのかと思わざるをえない。嗚呼《ああ》、父の一族を訴えるのは、父を訴えるのと同じことなのである。どうして父親に思いを致さないでいられようか。母の一族を訴えるのは、母親を訴え出るのと同じことなのである。どうして母親に思いを致さないでいられようか。妻の一族を訴えるのは、自分自身の妻を訴えるのと同じことなのである。どうして妻に思いを致さないでいられようか。このように、父母や妻の一族に対してさえ、こうした困った状況であるとすれば、郷里を同じくする人たちに対する態度は、言葉にして言わなくとも分かるというものであり、県知事としての私が聞いて余り楽しいことではない。筆を手にとって訴訟を出すようにと唆《そそのか》す人に対しては、たとえ〔孝行の重要性を記した賈誼の『新書』の〕「問孝篇」を伝えきれなくとも、それでも聖賢の教えや古くからある手本が無いわけではない。つまり、礼義の道を尊んで彼ら訴訟人を教化し、道理を明確にしてそれを彼らに分からせ、万物万事を貫く宇宙の原理（「天道」）を人情に基づいて解釈させ、伯叔兄弟を元通りの関係にさせ、姉妹や母の子供たちといった親戚を元通りの関係にさせておくようにするのだ。

【『爾雅』の「釈親」に、「母の兄弟は舅と言い、妻の父は外舅と言い、姑（父の姉妹）の子供は甥と言い、舅の子供は甥と言い、妻の兄弟は甥と言い、姉妹の夫は甥と言う」とある。『孟子』（「万章篇」下）の「館甥」に対する注として「甥」を「婿」と読んでいるが、(4) これもまた〔娘婿のことを言っているので〕「甥」と呼んでいるのである】。

そうすれば、人間としての道は強化され、風俗習慣は醇朴な状況にもどるであろう。これは私が知事として深く望むことなのである。

（応俊の続編）

（1）ここにいう「范文正公之遺意」とは、『范文正公集』褒賢祠記巻三「范氏義荘申厳規式記」に、「公平居語子弟曰、吾呉中宗族甚衆、於吾固有親疎、然吾祖宗視之、則均是子孫、固無親疎也、吾安得不恤其飢寒哉、且自祖宗来、積徳百余年、始発於吾、得至大官、若貴富而不恤宗族、何顔以入家廟」とあるのを踏まえている。なお、同書「范文正公年譜」の序にも同じ記事がある。

（2）これはいわゆる九族のことを言っているのだが、古来から九族をどれに当てるかは諸説があって一定していない。諸説の簡潔な紹介は、前掲諸橋轍次『支那の家族制』の「親属篇」の中、三二〇～三三二頁（頁数は、著作集本）に見られる。本文は、同姓以外の母方や妻方の異姓を含む場合であるが、それさえも、例えば妻族の二つを、妻の父一族と妻の母の一族の計二つと数えるやり方以外にも（『大戴礼』）、杜預のように妻の父と母の二つという単純な数え方もある。また、同族だけを数える方法だと、高祖から玄孫までの九つというのが一般的のようである。

（3）『晏子』巻六「内篇雑下」の「晏子布衣棧車而朝、田桓子侍景公飲酒請浮之第十二条」の項。なお、この引用文で「斉国之士」となっているところが、『晏子』の原文では「斉国之間士」となっており、その原文に従うと、「斉において国に仕えていない士人」という意味になり、単に「斉の士人」（仕えている士人も仕えていない士人も）というよりも、士人の範囲が狭まる。なお、この『晏子』の話は、范仲淹と同時代人の銭公輔が范氏義荘設置の経緯を説いた「義田記」（『范文正公文集』、『古今事文類聚』後集巻一「宗族」などに所収）と題する文章の中で、宗族救済に義荘が如何に優れた方法かを説明する比較対象として紹介されている。

（4）　ここでは「館甥」のうち、「甥」だけの意味を記していて、「館」についての言及は無い。『孟子』の「万章篇」の関連する原文は、「舜尚見帝、帝館甥于弍室」であり、「舜、帝に尚見すれば、帝は甥《むこ》を弍室に館《み》て（舜が帝堯に謁見するときは、天子〔である堯〕はわざわざ婿の舜をその泊まっている離宮に訪ねていって会われ）」訓じられ、「館」を「見る」と読んでいる（読みや現代日本語訳は岩波文庫本『孟子』を参照）。ちなみに、ここの部分に対する朱熹の註（『四書集注』）には、「堯以女妻舜、故謂之甥」とあって、舜は堯の娘婿なので、堯が舜に会って舜に語りかけるとき、「甥」と呼んだと解釈している。

隣近所とは仲良く（「恤鄰里」）

古《いにしえ》の時代、五軒の家を比という単位に組織して、互いの家は責任を請け合わせ、五つの比を閭に組織して民衆が移動したときに受け入れの単位とさせ、四つの閭を組織して族とし、死者が出ると葬儀を助け合わせる単位とさせ、五つの族は党という組織となって、災いが出現したときに助け合う単位とさせ、五つの党を州という単位に組織して、民衆が儀礼に使用する礼物が揃わないときに不足分を整えさせ、五つの州を郷という単位に組織して、郷内に優れた行為をする人が出ると、敬わせるようにしていた(1)。かくして民衆の気持ちとして、その喜びは通い合い、睦み合う道筋も明確なものとなった。『孟子』に、「一郷の田畑は八軒の家ごとにそれぞれ同じ一井を耕させ、田畑の出入りにもお互いに誘いあって仲良くさせ、盗賊・変事などの見張りや防禦もともに力をあわせて扶《たす》けあいさせ、また病気のときはお互いに看護しあうようにさせれば、必ず人民は自然とみな親しみ睦まじくなるものです(2)」とあるのは、思うにこのことを指しているのである(3)。『礼記』に、「郷里にいるときの礼儀としては、自分よりも倍の年長者には父親のように尊び仕え、自分よりも十歳の年長者であれば兄のように仕え、五歳の年長であれば肩を並べながら少し後ろから付き従って行くようにする(4)」とあり、「父親と同志の友人に会ったとき、前にと言われなければ敢えて歩みを進めることはなく、後ろへと言われなければ敢えて後退することをせず、質問されなければ敢えて答えない(5)」とあり、また、路を行くときの作法として、「父親と同世代の人と一緒の際には付き従って歩き、兄の年齢に当たる人とは少し遅れて歩く。荷物が軽い場合は年少者が全てを持ち、重い荷物のときは一緒に持ってもらう。そして、老人と一緒のときは老人に荷物を持たせない(6)」とあるのをみると、古の人が郷里の老人に対する対処の仕方は、このように至れり尽くせりであった。〔古の時代、賢者と老人を尊ぶ〕郷飲酒の儀礼は、その年の十二月に郷党の人びとを郷大夫が統率して集合し酒を酌み交わすのだが、それによって年歯秩序を有るべきようにするものである。つまり、年長者は座り、年少者は立ち、年輩者には手厚い食事が出され、年少者はそれほどの食事は出されない。こうして民衆に孝悌の道が示されるのである(7)。〔郷里に〕災いが発生したとき、近隣の人たちはその心配事を共有する。だから、「近隣に死者が出ると、臼をつくときの掛け声を出さない【相は、声を挙げて相い助け合うを謂う〔原注〕】。村里で死者を納棺する儀式があるときは声を張り上げて歌うことをしない(8)」。「弔いに行く日は飲酒と食肉を控える(9)」。

前漢の〔高祖朝から景帝朝まで仕えた〕万石君（諱は奮）は郷里で隠退生活を送っていたが、内史（都の長官）となっていた四男の石慶は、あるとき酔っぱらって、町（「里」）の入り口を馬車を降りずに通った。このことを耳にした万石君は怒りの余り食事を摂らなかった。石慶は恐れ入って謝罪したが、これに対して万石君は、「身分の高い内史が町（「閭」）に入ってくれば、年寄りたちはみな走って道を空ける。その中を内史が車にどっかり乗ったまま通る。こんなことがどうして当然だといえようか」と叱りつけた。その後、石慶やその他の子弟たちは、町（「里」）の門に到着すると、いつも〔馬車を降りて〕真っ直ぐに家にやって来たのである(10)。〔前漢の昭帝・宣帝時期に活躍した〕王吉が、〔若い頃〕長安に居住していたとき、東隣りの家に大きな棗の木があり、その枝が吉の家の庭に垂れ下がっていた。夫人はその枝の実を採って吉に食べさせた。後から、そのことを知った吉は夫人を離縁した。東隣りの家でそれを耳にして離縁の元になった棗を伐採しようとすると、近隣の人たちは伐採を止めさせ、それから吉に頼んで夫人を帰宅させるようにした。そこで〔事態が一段落すると〕、町中（「里中」）

の人たちは、「東の家に樹木があって、王陽（吉の字は子陽）の夫人は離縁されたが、東の家の棗が伐られず全うされると、離縁された夫人は再び帰ってきた」と語り合った。[11] また、〔魏の曹操の祖先の〕曹節は、もともと情け深い人であった。あるとき、隣家で豚がいなくなった。その豚が節の家の豚とよく似ているので、隣人は節の家にやってくるなり、自分の豚だと認定したが、節は争うこともしなかった。後になって、失踪した豚が自分から隣家に帰ってきたので、隣人は大いに恥じて、かつて認定した節の家の豚を返し謝った。節は笑いながら豚を受け取った。[12]

一体全体、古人は近隣と仲良くしたのは、このようであった。現在、お前たち民衆は金持ちが貧乏人を酷使し、強者が弱者を侮り、若者が年長者に逆らっている。こんなことでは、古人が近隣の人びとと交流してきた気持ちをどうして知っているといえようか。

（鄭至道の原編）

（1）『周礼』巻一、地官、大司徒。ここの訳は、『周礼』の当該箇所の注疏の解釈に依拠した。本文は、「五州相郷、使之相賓」に作るが、『嘉定赤城志』巻三七「風土門」所載の鄭至道「諭俗篇」及び『周礼』の当該箇所は「五州為郷、使之相賓」に作る。意味からしても、『嘉定赤城志』と『周礼』に従うべきだろう。

（2）『孟子』滕文公上。ここの訳は、岩波文庫本『孟子』上冊、二〇四頁による。

（3）本文は「蓋為此也」とあるが、『嘉定赤城志』巻三七「風土門」所載の鄭至道「諭俗篇」では「為」を「謂」に作る。

（4）『礼記』巻一、曲礼上。引用文の最初の「居郷之礼」という語句は経文には見えないが、当該箇所の疏文に、「年長以倍則父事之」を説明して「此謂郷里之中、非親非友、但二十以後、年長倍己、則父事之、即父党随行也」とあって、郷里にいるときの儀礼を問題にしていることは明確である。

（5）『礼記』巻一、曲礼上。

（6）『礼記』巻一三、王制。

（7）郷飲酒礼に関しては、『礼記』巻六一、郷飲酒義と『儀礼』巻八～巻一三の郷飲酒礼に見えるが、ここの記事は文章からすると『礼記』に依拠したと思われる。ただ、その儀式の時期については『礼記』と『儀礼』の疏文には十月に行われることが記され、十二月とはなっていない。なお、本文に「率郷党之民」とあるが、『嘉定赤城志』巻三七「風土門」所載の鄭至道の「諭俗篇」では「率」を「帥」に作る。

（8）『礼記』巻三、曲礼上。なお、引用文の「春不相」には「相謂以声相助（相は声を以て相い助くるを謂う）」という鄭至道の原注がついており（ただし、『嘉定赤城志』巻三七「風土門」所載の鄭至道「諭俗篇」は、「相助」を「相勧」に作る）、臼をつくときの掛け声を指していると思われるが、引用文が依拠する『礼記』曲礼上の注には「相謂送杵声（相は杵を送る声を謂う）」とあって、臼をつく杵を振るうときの掛け声の意味だとしている。両者に多少のニュアンスの相違があるが、ここの訳は鄭至道の原文につけてある注釈に従っておく。

（9）『礼記』巻九、檀弓下。

（10）『史記』巻一〇三、万石張叔列伝、『漢書』巻四六、万石衛直周張伝。ここの訳は、岩波文庫本『史記列伝』三（一九七五年、一九七・一九八頁）に基本的に依拠したが、引用文は『史記』や『漢書』との間に一部に相違があるので、適宜、手直しした訳を入れている。なお、「里」や「閭」を「町」と訳したのは、単に岩波文庫本にそうあるということだけではなく、農村と都市が分離してくるのは六朝以降であり、漢代までの「里」は都市的な集落であったという先行研究に依拠したからである（宮川尚志《ひさゆき》「六朝時代の村について」『羽田博士頌寿記念東洋史論叢』東洋史研究会、一九五〇年、宮崎市定「中国における村制の成立――古代帝国崩壊の一面――」『東洋史研究』一八―四、一九六〇年、谷川道雄『中国中世社会と共同体』国書刊行会、一九七六年、第Ⅰ部第二章「中国における中世」）。ちなみに、この話は、『小学』巻六「実明倫」、『温公家範』巻一「治家」、『古今事文類聚』後集巻七「不食示訓」にも引く。

（11）『漢書』巻七二、王貢両龔鮑伝。『古今事文類聚』後集巻一五「取棗去婦」は、王吉が隣家の棗を食べさせた妻を離縁したということだけを取り上げている。

（12）『三国志』巻一、武帝紀に引用する晋・司馬彪の『続漢書』（曹操の祖先の曹騰に関係する注）。

晏子は、「君子というものは、必ず、近所がどのような状況かを見定めて住まいを決める。そうしてこそ災いが避けられるからである」と述べている。[1] また、『春秋左氏伝』には、「信を棄て鄰国に背けば、災難がおこっても誰も心配してくれぬ」とある。[2] だから、南朝の梁代の宋季《ママ》に、「百万銭で家を買い、千万銭を出して良い隣りを買った」という言葉があるのであり、[3] 実際、差し迫った困難が起きたときの助け合いは、遠くにいる親戚よりも緊密な付き合いのある近所の方が優れているのである。

私は、以前、次のような話を聞いたことがある。眉山（四川省眉山県）の蘇仲先（【諱は序】、仲先は字《あざな》）はおおらかで気配りのきいた人柄であって、自分の利害を度外視して人に対する施しを好んで行ったが、他人の急難を一生懸命に救いながらも、それでも、まるで充分ではないかのような態度をみせた。凶作の年、自分の田畑を売り払って近隣一帯で救済活動を行った。冬場になり実り豊かな時期を迎えると、救われた人はお返しをしようとしたが、彼はそれを辞退して受け取ろうとしなかった。こうした活動によって、仲先は先祖代々の財産を無くし、自分も飢えや寒さに苦しんだが、一度も後悔したことはなく、困った人をみると以前にも増して施しをし、親密な関係かどうかに関わりなく、誠意を傾けて行ったのである。時には騙され侮られることもあったが、彼は顔色一つ変えなかった。人びとは、そんな仲先の気持ちを推し量れなかった。後になって、洵【老泉先生】という子供や、軾【東坡先生】と轍【潁浜先生】という孫が誕生し、いずれも天下に名前が轟いた。人びとは、子孫にこうした人物を輩出したことを、仲先が近隣に救いの手を差し伸べた結果だと考えた。[4] また、次のような話も聞いたことがある。唐の貞元（七八五〜八〇四）年間のこと、海塩県（浙江省海塩県）に戴文という人物がおり、家は豊かであったが欲張りで、同郷の人が彼に借金をすると、利息を普通より数倍も取るのであった。近隣の人との取引であってさえも、利が利を生むようなやり方をして厳しい取り立てを行い、近隣の人たちの深い怨みをかっていた。それから数年して文は亡くなった。その頃、近所の家で一頭の黒い子牛が生まれたが、脇の下の白い毛が「戴文」という字にみえる。文の子供は恥ずかしくなって、その謝罪と、白い毛を物で押しつけて字がみえないようにしてくれと要求し、隣人はその要求に従った。しばらくして文の子供はどうも効果がないことが分かったが、かえって隣人が子牛に字があると妄りに言い立てているとお上に訴え出た。県では問題の牛を役所まで連れてこさせたが、役所に到着すると字が一層鮮明に再び浮き出てた。戴文と呼びさえすれば、牛は呼び声に返答するかのように側にやってくるのであった。こうした状況を見た人びとは、戴文が同郷の人を慈しまなかった報いだとしたのであった。(5)

現在、近隣に住む人びとをみていると、ただ単に、あの蘇（仲先）さんのような行動を取れないだけではなく、戴文よりもすさまじいことをする人がいる。ときには土地の境界線を越えたことで争いごとが起こり、あるときには他人の土地を自分のものとしたことによって訴訟を促進させてしまう。こうして隣近所同士なのに行き来が絶え、互いに敵同士のように反目しあってしまうのだ。こんなことでは、どうして昔の人が近隣に対処したやり方を知っているといえようか。試しに、過去の事柄を見てみよう。〔前漢時代のこと、山陰県（浙江省紹興市）の〕陳囂《ごう》は紀伯という名前の民衆と隣同士であった。ある夜、伯は、囂の土地を囲っている垣根をこっそりと移して土地を増やした。囂はその様子をみて、伯が立ち去ると、自分の垣根を引き抜いて一丈ほど伯側にずらして土地を増やしてやった。伯はそれに気づくと恥ずかしくなって、侵奪した土地を返却したが、囂は後退させた一丈ばかりの土地の受け取りを拒否した。当地（会稽郡）の周という太守は、囂のすばらしい行為を石に彫らせて、また、町の出入り口に顕彰の旗を建てて顕彰し、住んでいる町を「義里」と呼ばせた。(6)また、例えば、北宋の趙清献公（趙抃《べん》）の家に関わる話がある。郷里の衢《く》州（浙江省衢州市）の住まいはとても狭かったので、弟や姪《おい》たちは趙抃を喜ばせようとして、隣家の老人に手厚く資金を提供して家移りをしてもらい、抃の邸宅を拡張しようとした。だが、抃はそれを聞いて不快に思い、「私とこの御老人の家とは三世代にわたって隣同士だった。今更その関係をどうして破棄できようか」と述べ、老人に住居を返還させる一方で、お金は返して貰わなかった。(7)こうしたことは、いずれも人の情としては実行しがたいことであるけれども、陳囂と趙抃の二人は出来たのであり、だから彼らが賢者だといわれる所以なのである。

また、古人がどうして近隣の人びとに情けをかけ、貧者と富者が互いに助け合い、事態の緩急に応じて互いに助け合ったかというと、いやしくも普段において互いに怨みだけがあって恩愛に欠けていると、いざ困難という事態になったとき、周りが敵ばかりになってしまうからである。例えばである。景定（一二六〇〜一二六四）初め、この新昌県（江西省宜豊県）に大軍が押し寄せてきたとき、混乱に乗じて半端者が騒動を起こした。(8) 当時、天宝郷に住む周という金持ちは近所の人によって拐《かどわ》かされ、銭や穀物、金銀や衣服、それに僅かばかりの絹物でさえも、盗賊の餌食にされてしまい、穴蔵に隠していたものでさえも何も残らなかった。この犯罪を犯した者たちは刑罰を免れなかったが、周家の財産はすっかり無くなってしまった。後に、この事件に私（応俊）は判決を下し、事件の原因を探った結果、多額の税金を納める家に、大略、次のように告げた。「金持ちは貧乏人に頼りにされる存在であって、互いに助け合うのである。金持ちは夏と冬に税金を納める以外に、親族や近隣、それに貧乏人を救済できるならば、それぞれの力に応じて実行すべきだ。普段に恩愛を人に施しておけば、一旦、差し迫った事態が出来すると、人びとは心服してくれ、誰も凶暴な振る舞いをその人に加えようとする考えを起こす暇がないであろう。蓄えしすぎは『貪』であって、少しも施しにそれを使用しないならば、怨みだけを招くことになり、このことは盗賊の手助けになるのである。そうすると、家を守れないだけでなく、災いが自分の身体にも及ぶことを心配せねばならない。金持ちで慈しみのない人は、このことをとっくりと心しておかねばならない」と。最初、この判決を出したとき、市場の中心に榜示して民衆に告諭したが、県庁所在地から遠方の郷村でこの榜示を見られない者のために、こうしてここに附載して、近隣の人を慈しまない金持ちの戒めとしたのである。

（1）『晏子』内篇・上第五「曾子将行、晏子送之、而贈以善言第二十三」の条。ただ、『晏子』は、応俊の引用する文章とは些か異なり、次のようにある。「嬰聞之、君子居必択居、游必就士、択居所以求士、求士所以辟患也」。

（2）『春秋左氏伝』巻一三、僖公十四年冬の条。ここの訳は岩波文庫本『春秋左氏伝』上冊、二二一頁をそのまま採用した。ただ、応俊の意図としては、「棄信背鄰」の「鄰」は『春秋左氏伝』本来の「隣国」ではなく、文脈からして近所というくらいの意味に取りたいのであろう。

（3）『南史』巻五六、呂僧珍伝。応俊の引用文では、この言葉が語られた理由や前後関係が分からないので、関係箇所を引用すると、「初、宋季雅罷南康郡、市宅居〔呂〕僧珍宅側、僧珍問宅価、曰、一千一百万、怪其貴、季雅曰、一百万買宅、千万買鄰、及僧珍生子、季雅往賀、署函曰、銭一千、人少之、弗為通、強之乃進、僧珍疑其故、親自発、乃金銭也云々」とある。『梁書』巻一一、呂僧珍伝には、この話は見あたらない。なお、本文では呂僧珍の隣に宅地を求めた人物を「宋季」とするが、上記の『南史』の引用文では、「宋季雅」に作る。この話は、『古今事文類聚』続集巻七「百万買鄰」にも見える。

（4）蘇序の救済活動については、蘇洵『嘉祐集』巻一三「族譜後録下編」や蘇軾『蘇東坡全集』（中華書局、一九八六年）巻一六「蘇廷評行状」（いわゆる東坡七集本の『蘇東坡全集』には、この行状は載っていない）に所載するが、ここの文脈からすると、曾鞏『元豊類藁』巻四三「贈職方員外郎蘇君墓誌銘」が典拠として相応しいと思われる。なお「蘇廷評行状」と、「贈職方員外郎蘇君墓誌銘」には、本文にある「人以為善恤郷鄰之報」という時人の評語は記されていない。また、この蘇序の逸話は宋代には有名だったらしく、真徳秀が飢饉に糶米すべきことを勧めた「古詩」に、「不聞眉山蘇盛美光伝記、売田救年荒、生子為国器〈即三蘇父子也云々〉」（〈 〉内は夾注。『西山先生真文忠公文集』巻一「浦城勧糶」）とある。

（5）この話は多少の節略はあるが、『太平広記』巻四三四「戴文」の記事と大部文が重なる。なお、この記事の注記によると、原典は『原化記』とあるが、『原化記』それ自体が『説郛』に不完全に載っているに過ぎない（周次吉『太平広記人名書名索引』台湾・藝文印書館、一九七三年参照）。この話は、『古今事文類聚』後集巻三九「戴文成牛」にも紹介されている。

（6）この話は正史には出てこないが、『乾隆紹興府志』巻六〇〈人物志〉「義行」に陳囂の伝が載っていて、この逸話を記している。話の時代と場所は、この地方志に載る逸話によって補った。なお、同伝には周太守の旌表を鴻嘉年間（前二〇～一七）のことだと記載するが、同書巻二六〈職官志〉「郡守」によると、周は、成帝の鴻嘉二年（前一九）に会稽太守となっているので、旌表も鴻嘉二年以後のこととなろう。また、この話は、『古今事文類聚』続集巻七に「益地与鄰」と題して載るが、文脈からすると、本文は『古今事文類聚』と極めて似通っており、応俊はこれに依拠した可能性が高い。

（7）宋・趙善璙『自警篇』（不分巻）「居所」の項。釈・暁瑩『羅湖野録』巻一によると、趙抃が致仕して帰郷するのは、元豊年間（一〇七八～一〇八五）になってからである。ちなみに、東坡七集本『蘇東坡全集』前集巻三八（中華書局本は、巻一七）「趙清献公神道碑銘」によると、趙抃の致仕は、元豊二年（一〇七九）二月だという。

（8）『正徳瑞州府志』巻四〈宮室〉「公署」に、「宋景定元年、遭兵燹、僅存戟門」とある。『宋代史年表（南宋）』（東洋文庫、一九七四年）によると、景定元年（一二六〇）二月に蒙古軍が、この一帯に進軍しており、『正徳瑞州府志』の「兵燹」とは蒙古軍の攻撃だと思われる。なお、この時期、応俊が新昌県の知事であったことは、本訳註稿の「解説」を参照して欲しいが、『正徳瑞州府志』巻六「秩官志」にも当時の知事として応俊の名前が見出せる。

婚姻は慎重に（「重婚姻」）

「男女にはけじめがあり、かくて夫婦の間には人としてあるべき道が存在する。夫婦に人としてあるべき道が存在して、かくて父子の間に親愛の情が存在する。だから、婚姻とは、儀礼の根本であり」、「二つの姓氏の好《よしみ》を繋ぎ合わせ、上に遡っては先祖にお仕えし、下れば後世に血筋を繋げてゆく所以なのである」。どうして慎重に対処しないでいられようか。「こうして婚礼には、納采（婚姻を申し込むとき男家が女家に品物を持ってゆく）・問名（娶る女性の名を尋ねる）・納徴（結納）・請期（婚姻の日取りの取り決め）といった五つの儀礼があって、全て女側の父母が祭祀用の机や敷物を家廟に用意して婿側の儀礼を受けるのであるが、それは婚姻に敬意を払い重要視しているからである」(1)。「古《いにしえ》の時代、男女ともに、仲人を立てなければ互いの姓名を知らないし、儀礼に基づいた品物を受け取った後でなければ、親しく付き合うことはなかった。だからこそ、精進潔斎して祖先の御霊に報告し、酒食を用意して郷党の人びとや同僚を招待するが、それはけじめということを重んじるからである」(2)。

そもそも、死後の世界に対しては祖先の霊魂にお伺いをたて、この世においては郷党に確証してもらって、そうして初めて婚姻の儀礼を実行するようにすれば、男女はいい加減な気持ちで一緒になることは出来ないのである。こうして婚姻が整えられると、男は自分から嫁となる女性を迎えに行き、その父母から自分で女性を受け取るのである(3)。「女性の母親は門まで送り出て、『これから、お前の家（夫の家）へ行くのです。行ったら必ず慎みぶかく、いつも気をつけて、決して夫のいいつけに逆らってはいけませんよ』と注意する。このように柔順でいいつけをきくことだけが正しい徳とするのは、婦女子の生き方を教えているのである(4)」。しばらくして、「大門から二人は出るが、男が先に立って女を導き、女は男に付き従う。夫婦の正しき道はここから始まるのである。思うに、婦人は人に従うものである。幼いときは父兄に従い、嫁しては夫に従い、夫が死去した後は息子に従う。男が先になり女が後になるのは、人に従うということを意味している(5)」。「明け方、新婦は棗と栗、生薑《しょうが》や肉桂の入った(6)乾し肉を手にして舅姑にお目通りして、嫁となった儀礼を完遂する。舅姑が正寝に入ってくると、新婦は供物用の一匹の豚を舅姑に贈るが、それは嫁として孝順を尽くすことを示すためである。〔それが終わると〕舅姑は西の階段から、新婦は東の階段から下りてそれぞれの居室に退出するが、この使用する階段の相違によって代替わりを明示するのである(7)」。古人の婚礼に託した意味はこのようであった。

現在、お前たち民衆は結婚に際して、多くの場合、相手側の詳しい調査もせず、妻と一緒に過ごすときには、恩愛と道理にとても欠けている。男側の家では(8)、嫁取りをまるで鶏や豚を買うように安易に見なしているし、他方、婦人は夫の家を一時的に過ごす旅籠《はたご》か何かのように見て、偶然に知り合って一緒になり、そして突然に離別するような具合になっている。このような私通まがい、略奪婚まがいの気風は、時を経るに従って熾烈になってきている。これは本当に憂うべきことである(9)。

（鄭至道の原編）

（1）『礼記』巻六一、昏義。ただ、「昏義」では、引用文の「上以事先祖」を「上以事宗廟」に作り、また、「男女有別～婚姻者礼之本」と「所以合二姓之好」以下とでは、「昏義」は引用文とは逆転している。なお、婚姻に至るそれぞれの段階における儀礼に関する詳細は、『儀礼』巻二～巻六、士昏礼にみえており、『礼記』昏義や『儀礼』士昏礼に基づく婚礼の説明は、前掲諸橋轍次『支那の家族制』が簡にして要を得ている。

（2）『礼記』巻二、曲礼上。『小学』巻二「明夫婦之別」にも、この「曲礼」の文章を引いている。

（3）『嘉定赤城志』巻三七「風土門」では、「親受之於父母也」の「親」の字は見られない。
（4）『孟子』滕文公下。ここの訳は、岩波文庫本『孟子』（上、二三二・二三三頁）を基にしている。
（5）『礼記』巻二六、郊特牲。
（6）「服脩」を『嘉定赤城志』巻三七「風土門」では、「榛脩」に作る。ただ、ここの記述が典拠としている『礼記』昏義には「棗栗段脩」とあるので、正しくは「腶脩」であろう。
（7）『礼記』巻六一、昏義。
（8）「男夫之家」は、『嘉定赤城志』巻三七「風土門」では、「男女之家」に作る。
（9）「誠可傷也」は、『嘉定赤城志』巻三七「風土門」に載る鄭至道「諭俗編」では、「誠可哀也」に作る。

「婚礼は、二つの姓氏の好《よしみ》を繋ぎ合わせ、上に遡っては先祖にお仕えし、下れば後世に血筋を繋げてゆこうとするものなのである」(1)。とすれば、嫁選びは婿選びよりも重要であるべきはずである。私は、このことを『大戴《だたい》礼《れい》』によって示してみよう。それには、ほぼ次のように言っている(2)。「妻を娶ったり娘を嫁に出すとき、相手は必ず孝悌な者を選ばねばならない。代々に亙って行い正しき人を輩出していれば、その子孫も慈しみ深く孝悌に篤く、決して道に外れた行いをしないものだ。それは、あたかも、鳳凰は生まれつき仁義の気持ちを持ち、虎や彪は生まれながら貪欲で道理に外れた心を持っているようなものであって、虎のように猛々しい人間に育て上げて、将来、天下に害を与えることのないようにしたいものだ。かくして、嫁と婿の性質と振る舞いこそが、結婚相手を選択する基準とならざるをえない」。だから、司馬温公（司馬光）は、かつて次のような所説を開陳している(3)。「一体全体、婚姻問題を俎上に載せるとき、まず何よりも、婿と嫁となる人物の性質と振る舞いや、どのような規範を持った家に育ったかをよく見なければならない。

【真文忠公（真徳秀）は、「孔子には娶ってはならない五つの教えというのがあって(4)、それは要するに妻の選択法なのである。そもそも、婦人は、家の奥深い婦人の居住区に住んでいて、その美点を家の外部に向かって表さないので、その賢愚は知りやすくはない。そこで、やはり、どういう家の出身かを見るだけなのである。つまり、逆臣の家の子女は娶らないとは、娶るのは、必ず忠孝に篤い家の娘ということである。淫乱の家の子女は娶らないとは、必ず礼義に忠実な一族の出身者ということである。このように推し進めていって嫁とすべき人を求めてゆけば、不適当な娘を娶ってしまうということは少ないのである。ただ、父親を亡くした家の長女という一節に関しては、先儒たちに疑問が持たれてきているが、もし父親が亡くなっていても、母親が賢い人であれば、必ず優れた方法で娘を教育しており、また、特別に拘る必要はないということである」と述べている(5)】。

かりそめにも富貴だけを婿選びの基準に求めてはいけない。かりに婿となる人が賢こければ、現在は貧賤であっても、どうして将来、富貴にならないと知られようか。かりに婿となる人が不肖であれば、現在は富貴であっても、どうして将来、貧賤にならないと分かるといえようか。〔そもそも〕妻は家の盛衰の依って来るところである。かりそめに一時の富貴を求めて娶っても、彼女は自分の生家の富貴を鼻にかけ、夫を軽んじないことは稀であり、しかも、舅姑を侮蔑し傲岸で嫉妬深い性格を募らせ、いつかは一家の災いとなってしまうものである。その災いに果てがあるとどうしていえようか。もしかりに、妻の財産で豊かとなり、妻の実家の勢力によって偉くなったとしても、男子として志を持つ者が、このようなことを恥じないであろうか。孔子は弟子の南容のことを、『国家に道があるときはきっと用いられ【品行と才能が他の人よりも優れているので、国家に道があるときは登用される(6)】、道のないときも刑死に触れることはない』と仰り【言葉少なく物事に慎重なので、国家に道がなくても刑死を免れるのだ(7)】、自分の兄の娘を娶らせた(8)。これこそが婿選びの方法とすべきなのだ」と。

晋の武帝は、皇太子（後の恵帝）の嫁選びにあたって、衛氏の血筋は人柄が賢明で、しかも子沢山であり、他方、賈《か》氏の血筋は嫉妬深くて生む子供が少ないということによって、衛瓘の娘を迎え入れて皇太子妃にしようとした。【後に他人の意見に惑わされて、とうとう、賈充の娘を太子の嫁として娶ったが、果たして賈氏は淫乱で嫉妬深かった[9]】。この武帝のやり方は嫁選びの方法とすべきである。

【胡安定（胡瑗）の遺訓に次のようにある。「娘を嫁に出すときは必ず自分の家より優った家を探し出せば、娘は嫁ぎ先で恭順な態度で仕えてくれる。嫁取りには必ず自分の家より劣った家から迎えれば、嫁は謹厳な態度で礼儀を尽くしてくれるものだ」と。楚の諺に、男は自分よりも劣った家の娘と結婚し、女は生家よりも上の家に嫁ぐとある[10]】。

現在、俗世間では、いつもこのようにはできなくて、嫁を娶ろうとすると、嫁入り支度の多寡だけを問題にし、嫁いでくる娘が賢いかそうでないかは不問にしている。また、娘を嫁に出そうとすると、嫁ぎ先の結納金の多少だけを問題にし、婿となる人物の人柄がどうかなどは問わないでいる。こうして、結婚してみてから後悔しても、もうどうにもならないのである。あるいは、嫁を出す家において、最初、婿側の結納金が少ないと相手側の非を並べ立てて返礼の品物を送らないばかりか、結局は婚姻をも御破算にしてしまうことがある。他方、婿側の家において、嫁入り支度が貧弱だと怒って妻となるべき女性を実家に帰してしまうということがある。かくして、婚姻を結ぼうとするお互いの家が敵同士になってしまい、甚しいときには、互いの争乱を激発して、家財産を失ってしまう者まで現れる。隋の文中子（王通の私諡）は、「結婚にあたって相手方の財産ばかりを問題にするのは、夷狄のやり方であり、君子はそうしたことに熱中する村里には入らないのである」と述べているが[11]、それは利害だけを知っていて、道義を知らないからであった。

【唐の僖《ママ》宗朝のとき裴坦は宰相となったが、倹約を大事にする性格であった。息子が名家の楊収の娘を娶ったが、その嫁入り支度はかなり手厚く、調度品は犀皮や玉を多く使った豪華なものであった。坦はこの様子を見て激怒し、それらを壊させ、「こうした物は我が家に災いをもたらす」と述べた。後に楊収は、とうとう収賄罪で破滅したが、他方、坦の方は太平の裴宰相と呼ばれたのである。[12] 本朝（宋朝）のことである。范文正公（范仲淹）の子供の范純仁が妻を娶った。いざ輿入れというときになって、ある人から新婦は紗や綾でできた帳《とばり》を嫁入り道具として持参してくると告げられた。それを聞いた范文正公は苦々しい気分になって、「一体、紗や綾は帳に使用する物といえようか。我が家はもとから質素倹約を心掛けてきており、どうして我が家の家法を破って、わざわざこんな物を家に持ち込むことができようか。当然に庭で燃やすべきだ」と語った。[13] 現在の人に対して、裴坦と范仲淹というお二人のやり方を押しつけることは確かに出来ないけれども、利益は見えても人間として正しい行いに思い至る人も少ないのだ】。

温公（司馬光）は、また次のように述べている。[14]「俗世間では、赤ん坊や幼児のときに軽率に将来の結婚を約束してしまうことが好まれている。また、ある場合は、まだ子供が母親の胎内にいるときに将来の結婚を決めてしまっている。ところが、成長するにつれて、出来が悪かったり無頼になってしまう子供もいたり、

【（後漢時代）呉地方出身の許升は若いとき博奕《ばくち》打ちになってしまい、素行も治まらなかった。妻の呂栄は、いつも家業に精励して姑を手厚く世話し、夫の升には勉学を勧めていた。また、升が善くないことをするたびに、涙ながら諫めるのであった。こうした状況に、栄の父は怒りを募らせ升を憎しみ、栄を呼びつけて、改めて別のところに嫁入りさせようとした。だが、栄は深く溜息をつきながら、「運命によって出会ったものは、離縁できる道理がない」と語り、決して婚家を去って実家に戻ろうとはしなかった。升は妻の態度に感激して発奮し、学問の師を求めて遠くに遊学し、ついに名声を獲得した[15]】。

あるいは子供が悪い病気に罹ってしまうこともあり、

【（宋代）華陰（陝西省華陰県）の呂（蕡《ふん》）さんは郷試を通過して中央の省試に推挙されたとき、同郷の女性と婚約が整っていた。後に進士に及第すると、娘の家では、「我が家の娘は、もともと病気は無かったが、嫁入りが決まった後、盲目となったので、どうしても結婚を辞退したい」と申し入れた。それを聞いた呂さんは、「すでに結婚が決まってから盲目となったのだから、貴方は私を騙した訳ではない。どうして辞退する必要があろうか」と言って、つ

いにその女性を妻とし、五人の男子が生まれた。五人の息子はともに進士に及第し、そのうちの一人が丞相となった汲公（呂大防）その人である[16]】。

あるいは家族が凍えや飢えに見舞われることもあり、

【（宋代）斉州（山東省済南市）の劉廷《ママ》式はもともと農家出身であった。隣家のお爺さんに娘がいて、結婚する約束ができていた。それから数年して廷式は科挙に及第して帰郷したところ、お爺さんはすでに亡くなり、娘も病気から両耳とも聞こえなくなり、その家では食べ物にも事欠く有り様であった。廷式は人を間に立てて以前の交際を復活させようとしたが、娘の家では病気になったことや、雇われて耕す仕事をしていることを理由に挙げて、とても上大夫さまと結婚はできないと断ってきた。それを聞いた廷式は、「お爺さんとの約束もあります。どうしてお爺さんが亡くなり相手の娘が病気になったからといって、その約束を反故にすることができましょうか」と述べ、ついに彼女と結婚したのである[17]】。

あるいは次々と喪に服さなければならなくなることもあり、

【『南史』の韋放伝に次のようにある[18]。韋放は字を元直といい、北徐州（安徽省鳳陽県臨淮関の東四里[19]）刺史となったことがある。以前、彼と呉郡（江蘇省蘇州市）出身の張率のそれぞれの側室が妊娠したとき、生まれてくるはずの子供同士を結婚させようと約束した。後になって、それぞれの側室が男と女を出産した。しかし、子供が成長する前に、率は亡くなり、遺児は身寄りのない孤児となったので、放はこの孤児をいつも気にかけ救いの手を差し伸べていた。放が北徐州刺史に就任すると、貴族の中に婚姻を求めてくる者が現れたが、放は、「私は、古い友達の信用を失いたくはない」と申し出を断り、何と息子の岐を率の娘と娶《めあわ》せ、また、自分の娘を率の息子に嫁がせたのであった。当時、人びとは放が古い馴染みに手厚くできたと称賛した】。

あるいは官僚として遠方に赴任することもあって、【鮑蘇の話は後に見られる[20]】結局は信義を捨て約束に背くことになって、いち早く裁判沙汰や訴訟沙汰となってしまう事例も多い。かくして、祖先の太尉（司馬池）がかつて次のように述べている[21]。『私の家の男女は、必ず成長を待って、それから結婚を議論することにする。そして、一旦、結婚契約書たる婚書を取り交わしたら、それから数か月も経たない間に必ず結婚式を行う。それ故に生涯に亙って後悔することがないのだ。そこで子孫はこの教えを規範とすべきである』」と。

【婚姻を結ぶ家の間において、婚姻の約束に背くことは凶、約束を履行することは吉である。わたくし応俊が〔慶元府〕奉化県（浙江省奉化県）の主簿であったとき、管下の鶤埼鎮で次のような事象を見たことがある[22]。鎮に張漢英という人物がいて、婚約をした後に、呂蕡さんの話のように、張は科挙に及第した。しかも上から四番目という好成績であった。これを知った人びとは、結婚の約束を反故にしなかった善報だとしたのであった。また、私の故郷では婚約をした後、間もなく太学に入学し、結婚の約束を反故にした事例がある。反故にした二人の子孫は良くないことばかり続き、識者はこの二人を見下げた人間だと非難した。このように、鄙びた田舎の出来事によって検証してみても、婚姻の約束を守るかどうかがその後の吉凶を分かつものだと知られるのである】。

世の中の人びとで同姓同士の結婚をするものもいるが、それは人間として最も礼誼をわきまえないやり方なのである。礼経に、「妻を娶るとき同姓は娶らない。妾を購入するときその姓が分からなければ、購入の吉凶を占う」とある[23]。また、『白虎通』には、「同姓の女性を妻として娶らない理由は、人倫を重視し、男女間の淫らな交わりを防止し、人間が禽獣と同じことになるのを恥じるからである。母方の一族で五か月の喪に服さねばならない小功以上の親族からも妻を迎えることができない」とある[24]。つまり、こうしたことをすれば、親族の尊属と卑属の関係に混乱を持ち込み、人倫秩序を失わせるからである。ただ、母方の兄弟の子供と、父方の姉妹の子供とは同じ親等でありながらも結婚はできる。しかしながら、州や県の官僚たちで律令を子細に理解してない者は、〔法律の主旨を知らずに〕離縁を裁決することがある。いずれにせよ、嫁入りや嫁取りは慎重にしなければならないのである[25]。

【『容斎随筆』に次のようにある。「父の姉妹や母の兄弟それぞれの子供同士の結婚は、礼法上は禁止されていない。しかし、世間一般ではそのことがよく分かっていない。『〔宋〕刑統』の戸婚律の「議」を見ると、次のようにある。『父母にとってその父母の姉妹や兄弟と、父母の母親の姉妹の生んだ子供らは、自分からすると服喪の義務はないが、父母にとっては三か月の喪に服すべき緦麻親であり、自分からすると尊属であって、だから彼らとは結婚は出来ない。また、父の姉妹は父母にとって、九か月の喪に服する大功親である。母の従父兄弟に対して、父母は喪に服する必要は無いが、自分にとっては尊属である。母方の伯叔母や母の従姉妹は、皆、母親にとって五か月以上の喪に服すべき尊属であり、自分の従姉妹や又従姉妹や妻の兄弟の娘、また又従姉妹の生んだ者、娘婿の姉妹は、自分からすると喪に服する必要はないが、道理として彼らと結婚は出来ない。それらは、皆、尊属と卑属との混乱を招き、人倫秩序を失わせるものだからである』[26]。そうだとすれば、父方と母方の従〔兄弟〕姉妹同士は、同じ親等であるから、結婚には何ら妨げがないのである。そこで私の記憶によると、政和八年（一一一八〔この年、十一月に重和と改元〕）に漢陽軍（湖北省武漢市）の知事の王大夫が、こうした点を重ねて明確にし、さらに勅局（詔勅を整理編纂する役所）が審理して、その結果、母方の叔父が母方の姉妹の娘を娶り、姉妹の娘が母方の〔伯〕叔父に嫁ぐことなどが明白に可能となった。また、徽州の『法司編類続降』には、この点に関する全文が残っているが、それによる限り、現在の州県の官僚の裁判において、父方の姉妹と母方の兄弟が結婚したとき、それらを離縁させるという裁定は、皆、よく律令を読んでいないことによる誤りなのである」と[27]。また、朱文忠公《ママ》（朱熹）が「仁宗皇帝の娘の公主が（仁宗の生母、李氏の弟の次男）李璋《ママ》に嫁入ったが、これは従兄妹《いとこ》同士（「姑舅成婚」）が結婚したということなのである」と述べていることも[28]、また一つの例証である】。

しかしながら、婚姻とは別に〔家庭生活において〕なお言っておかねばならぬことがある。古の時代、天子から士人・庶民に至るまで、それぞれの身分に応じて次第に逓減してゆく、妻やその妻とともに嫁入りしてきた側室の人数が決められてあった。

【礼によると、天子の妻妾は十二人、諸侯は九人、大夫は三人、士は二人とある。ただ、庶民は妻以外に側妾は無く、これを匹夫・匹婦と言った【(29)】。

だが、後世になると、身分の上下ではなく、力の有無だけが妻妾の人数決定に見られるようになった。このことが文中子（王通）に、側妾に定数が無ければ、人びとに人倫の混乱を教えこむことになるという嘆きがある所以なのである(30)。そもそも、家族秩序を正道にする根本は、夫婦が互いに正しいあり方をすることによるのである。礼を拠り所として家を治め、愛情に片寄りが無いようにし、正妻と妾の身分的位置を乱さないようにすることは、夫としての正しきあり方なのである。

【司馬温公（司馬光）が太原府の通判となったとき、まだ子供に恵まれず、そのため夫人は一人の側妾を購入した。だが、温公はその女性を殊更に慈しむわけではなかった。夫人は夫のそうした態度は自分に対する遠慮からきているのではないかと疑い、ある日、その側妾に自分が外出するのを待って、着飾って夫の書斎に行って旦那様のお情けを頂きなさいと教え諭した。側妾は言われたとおりにしたが、温公は書斎に入ってきた側妾をいぶかって、「妻が外出したのに、どうしてここにやって来たのか」と言って、速やかに部屋から退出させた(31)】。

目下の者を恩愛の情によって可愛がり、嫉妬心による失態を招かないようにし、更には男女が年頃になっても、よき連れ合いに恵まれないことから由来する災いを起こさせないようにするのは、妻として正しいあり方なのである。

【〔春秋時代〕宋の鮑女宗という人物は鮑蘇の妻であり、彼女は姑に孝養を尽くしていた。夫の鮑蘇は郷里を去って衛に仕え、三年を経過して現地で別に妻を迎えた。しかし、女宗は、姑にますます孝養を尽くし、当地との間を往来する人に託して夫の近況を欠かさず尋ねさせ、現地妻には手厚い贈り物をするのであった。〔その様子を見ていた〕兄嫁は女宗に対して、「貴女が行きたいと思うところがあれば、この家を出ていってもよいのよ」と語りかけると、それに対して女宗は、「もし夫の家が好むことに逆らって、少しでも自分の栄耀を図ろうとすることを、私は、それが素晴らしいものだとは思えません。そもそも、礼の規定によると、天子は妻妾が十二人、諸侯は九人、大夫は三人、士は二人となっています。今、旦那様は士人の身分であり、妻妾が二人なのは、適切なことではないでしょうか。その上、婦人には七つの離縁されても仕方ない理由があるとされ、嫉妬が一番重要だとされています。兄嫁《おねえ》さまは私に家に居て守るべき礼義を教えるのではなく、かえって捨て去られてしまうような行いをさせようとしています。どうしてそれに従えましょうか」と答え、とうとう兄嫁の忠告に耳を貸さず、姑にはより一層に孝養を尽くしたのであった。宋国の君主は、この鮑女宗の素晴らしい言動を聞いて誉め称え、その住む地区の入り口に栄誉を称える旗を建てさせ、彼女は「女宗」と呼ばれるようになった[32]】。

正しいあり方を会得すれば家はうまく治まり、正しいあり方を失ってしまえば、家は乱れてしまうというのが、これこそ必然の道理である。

しかも側妾が極めて多くなれば、家の害とならないものはないのだ。つまり、家族の中では子弟たちが悪に陥り、

【礼に、「禽獣は礼に基づく社会秩序というものがなく、それ故に父と子供が一頭の牝鹿を共有するような乱倫行為を行ってしまう。だからこそ、聖人は儀礼を制定し人びとを教化し、人びとに儀礼があることによって始めて禽獣と異なるということを知らしめようとした」とある[33]。昔、〔春秋時代の諸侯国の〕衛の宣公が亡くなったが、子供の恵公はまだ幼少だったので、宣公の庶子の頑が〔宣公の妻で〕恵公の母親である女性と結婚し、五人の子供を儲《もう》けた。それが斉子・戴公・文公・宋の桓公夫人・許の穆公夫人である[34]。ある程度の身分のある衛の人たち（「国人」）は、こうした行為に嫌悪し、「牆有茨」と題する詩を作って、衛の公室の行為を誹り、「口に出して言うことはできない。口にすれば汚らわしい」と述べた[35]】。

家族の外では召使いたちの間に変事が起こったりして、

【〔六朝時代の〕晋の王済は字を武子といったが、かつて側に仕える者に、奥向きに行って、そこに居る端女《はしため》から済

の衣服を取ってくるようにいいつけた。端女はやって来た侍者に淫らな行為をけしかけようとしたが、侍者は「どうしても嫌だ」と断った。すると、端女は、「もし、私の言うとおりにしなければ、大声で叫ぶわよ」と脅したが、侍者はとうとう誘いに乗らなかった。そこで端女は「何とかさんが私を犯そうとしている」と叫んだ。叫び声を聞いた済は侍者を殺させた。すると、侍者は「冤罪を受けるわけにはいかない。きっと私は旦那様を天に訴え出ます」と抗弁していた。何年か経って、王済は明日をも知れぬ病気に罹ると、死んだ侍者が姿を現して、「旦那様は、きっと世を去るはずだ」と告げた。済はとうとう亡くなった(36)】。

あらゆる悪いことが発生してしまう。だからこそ、家を正しいあり方にしようとする人は心すべきことではなかろうか。

【『史記』に、「〔春秋時代の〕斉の桓公は多くの女性を寵愛した。寵愛した女性で夫人の地位にあるものも六人がいた。長衛姫は無詭を産み、少衛姫は恵公元を産み、鄭姫は孝公昭を産み、葛嬴は昭公潘を産み、密姫は懿公商人・宋華子・公子雍を産んだ。桓公は孝公を太子にしようとしたが、桓公が病に倒れると、五人の公子はそれぞれ自分の党派を立てて争った。十月乙亥の日に桓公が亡くなると、ついには公子たちは互いに武力攻撃をしかけ、それ故に宮中には誰もいなくなって、桓公を柩に収めようとする人はいなかった。かくして桓公の屍は六十七日も寝台の上に放っておかれ、屍から蛆《うじ》が湧いて、寝室の外にまで溢れる有り様であった。十二月乙亥の日、無詭が君主に立つことになって柩を持って桓公の遺体に赴き、辛巳の日の夜に遺体を柩に安置した」とある(37)。嗚呼《ああ》、桓公は九度も諸侯と会盟し、天下を秩序づけて春秋時代の覇者となったけれども、正しく家を治めず、嫡子と庶子の区分を曖昧にしたので、死後にこのようになってしまったのだ。歴史を読む者が、〔このことを読むとき〕書物を閉じて一旦は読むのをやめ、このために深く溜息をつかないものはいない。『袁氏世範』に、「妾腹の子や遺腹の子は、早いうちに家に引き取って教訓し、我が死後にいざこざを惹き起すことの無いようにせよ。習慣がついて愚賤な人間になったのが、本家に帰ろうとするのなどは、特に扱いにくい。ときとして婢妾と性的な関係が出来たり、妾が何らかの事情で追い出されたときには、自分の生きている間に、いずれも早くけじめをつけておかねばならない。死後、本家に帰らせてくれと求められ、しかも事情がはっきりせず、子孫に迷惑を被るものが出来るからだ[38]」とある】。（応俊の続編）

（1）『礼記』巻六一、昏義。
（2）『大戴礼』巻三、保傅。
（3）『司馬氏書儀』巻三「婚儀上」の「然後遣使者納采」という文章の後に続く夾注。ここの司馬光の話も、註(14)以下の話も、『古今事文類聚』後集巻一三に、「勿慕富貴」「不可論財」「不可幼許」と題して載っている。また、『小学』巻五「広明倫」にも、この司馬光の言辞が引かれている。
（4）「五不娶之説」とは、『大戴礼』巻一三「本命」や『孔子家語』巻六「本命解」によると、逆臣の家の子女、淫乱の家の子女、代々刑罰を受けた人のいる家の子女、悪疾ある（家）の子女、父親のいない家の長女、の五つである。『小学』巻二「明夫婦之別」にも、この『大戴礼』の記事を引く。
（5）『西山読書記』巻一三「夫婦」。
（6）（7）応俊の続編の本文では夾注になっているが、『司馬氏書儀』では、註(3)で示した引用文の一連の文章となっている。つまり、ここの夾注は、応俊の補篇ではなく、『司馬氏書儀』の文章である。
（8）「孔子謂」から「以其兄之子妻之」までは、『論語』公冶長篇の文章をそのまま引用したもの。ただし、『論語』は当然ながら「孔子」は「子」に作る。この話は、『古今事文類聚』後集巻一三にも「妻以兄子」と題して載っている。
（9）晋の武帝による皇太子妃選びの経緯については、夾注の部分まで含めて、『晋書』巻三一〈后妃上〉「恵賈皇后」に見える。『古今事文類聚』前集巻二一「娶当択賢」の記事は典拠の明示はないが、この后妃伝を引いたと思われる。賈氏立后をめぐる政治情勢については、安田二郎「西晋武帝好色攷」（同氏著『六朝政治史の研究』京都大学学術出版会、二〇〇三年）、小池直子「賈南風婚姻」（『名古屋大学東洋史研究報告』二七、二〇〇三年）を参照。
（10）劉清之『戒子通録』巻五「胡翼之遺訓」（翼之は胡瑗の字）や『古今事文類聚』後集巻一三「嫁娶不同」、『小学』巻五「広明倫」の項などに、ここの引用文が載っている。ただし、「楚諺曰」以下の文章は載っておらず、恐らく、「楚諺曰」以下の文章は、「胡安定遺訓」とは別物であろう。本文の訳文では、この前提の下に訳出した。なお、古今の家訓を載せる翟博『中国家訓経典』（中国・海南書店、一九九三年）には、この「胡安定遺訓」は収められていない。

(11)　王通『中説』巻三「事君篇」。この話は、『小学』巻五「広明倫」の項にも載っている。『古今事文類聚』後集巻一三「不可論財」は、ここの司馬光の言葉を引用する形で王通の所説を紹介している。聘財をめぐる魏晋から宋元時代までの状況については、勝山稔「聘財の高額化に関する考察——高額聘財の推移から見る婚姻をめぐる社会——」（同氏著『中国宋—明における婚姻の学際的研究』東北大学出版会、二〇〇七年）を参照。

(12)　ここの文章は『資治通鑑』巻二五一、懿宗咸通十年二月の条と字句が同じであるが、元々の典拠は孫光憲『北夢瑣言』巻九と思われる。なお、簡単には『新唐書』巻一八二、裴坦伝にも見える（『旧唐書』には裴坦は立伝されていない）。また、楊収の収賄から破滅に至る経過は、『新唐書』巻一八四の楊収伝に詳しい（『旧唐書』巻一七七の楊収伝は簡略すぎて、この問題を記していない）。

(13)　『范文正公集』言行拾遺事録巻一。なお、訳文中、「いざ輿入れというときになって」としたのは、引用文では「帰」と記す箇所が、言行拾遺事録では「将帰」とあることによる。なお、この話は、『古今事文類聚』後集巻一三「斥去羅幔」にも載る。

(14)　註(3)の引用文に続く文章。

(15)　『後漢書』列伝巻七四〈列女伝〉「呉許升妻」。この話は、『温公家範』巻九「妻」にも見える。

(16)　陳師道『後山談叢』巻六。ちなみに、『宋史』巻三四〇、呂大防伝によると、呂大防は哲宗の元祐元年（一〇八六）宰相となっている。また、同巻、呂大鈞伝によると、呂蕡は六人の息子をもち、その中の五人が科挙に合格している。なお、この話は、『古今事文類聚』後集巻一三〈婚姻〉「不許疾辞」にも載る。

(17)　東坡七集本『蘇東坡全集』前集巻二三（中華書局、一九八六年『蘇軾文集』本は巻六六）「書劉庭式事一首」。『宋史』巻四五九（卓行伝）にも同様の記述があるが、そこには蘇軾が密州の知事時代に通判の劉庭式に聞いた話として載っており（「書劉庭式事一首」では蘇軾の弟の蘇轍が斉州の掌書記だったとき民間から聞いた話を蘇軾に伝えたことになっている）、蘇軾の「書劉庭式事一首」を基に節略したものだと思われる。なお、引用文では劉廷《ママ》式は「斉人」とあるが、『宋史』の伝には、「斉州人」とあり、また「書劉庭式事一首」も「庭式斉人」と一旦は書きながら、蘇轍が「斉州掌書記」のときに採取した話となっており、いずれにせよ古来からいわれてきた一般的な斉地方ではなく、斉州という特定の場所であることが分かる。なお、本文の記述は、文脈からすると、『古今事文類聚』後集巻一三〈婚姻〉「不背前約」の項に載る話が典拠のように思われ、この「不背前約」では、主人公が「劉廷式」となっている。しかし、盲人の妻が亡くなった後、再婚しようとしなかった劉庭式の話を紹介した同書後集巻一五「哀瞽妻亡」は、「劉庭式」に作る。

(18)『南史』巻五八、韋放伝。なお、同じ記事は、『梁書』巻二八、韋放伝にも見える。この話は、また『古今事文類聚』後集巻一三に「死不失信」と題して載る。

(19)引用文には徐州刺史となっているが、『南史』と『梁書』の韋放伝は、いずれも北徐州刺史となっている。訳文は『南史』『梁書』の記述に従った。ちなみに、両書によると、韋放は中大通二年(五三〇)に北徐州刺史となっている。

(20)原文では鮑蘇の話しは二四葉裏に記されている。

(21)本文で「太尉」を司馬池と注記したのは、司馬光の「葬論」(『温国文正司馬公文集』巻七一、『伝家集』巻六五)の記述に基づいている。「葬論」において、司馬光は、死者を時宜に遅れることなく埋葬し、墓地の選定に当たっては風水師の意見に左右されるべきでないと主張している。その論拠として、司馬光は、父親の司馬池が郷里に埋葬されたときの例を挙げている。すなわち、風水師に墓地の選定を依頼するようにと親族に忠告された長兄の司馬旦(字は伯康)は、金銭を餌に風水師に思い通りの場所と時間などを勧告させたというのである。この文中で司馬光は、司馬池を「太尉」と記している。

(22)「解説」に記したように、応俊の事迹は台州の後世の地方志などに見えるが、簡略過ぎて彼がいつ奉化県主簿になったかは正確には分からない。ただ、県の主簿は、科挙に及第した後に就く品階をもたない、いわゆる選人の官職の一つなので、彼が科挙及第した嘉熙二年(一二三八)から遠くない時期と考えられる。なお、『宝慶四明志』巻一四(奉化県志巻一)「坊巷」の「鸊埼鎮監官」及び「鸊埼寨巡検」の項によると、鸊埼鎮は、奉化県の南六十里にあって、鎮監の役所は袁村にあり、この近辺は海に近接していて商船が往来し商業が盛んな場所だったと知られる。

(23)『礼記』巻二、曲礼上。「買妾不知其姓則卜之」の「卜」の訳は、疏に「卜者、卜吉凶」とあるのに基づく。なお、「買妾不知其姓則卜之」という語句は、『春秋左氏伝』昭公元年にも見えるが、「卜之」は「卜其同否也」とあって、同姓かどうかを占うと注釈されていて、『礼記』曲礼上とは解釈が異なる。

(24)『白虎通』巻九「嫁娶」。

(25)婚姻禁止に関する宋代律令上の規定は、『宋刑統』巻一四「戸婚律」に見える。

(26)『宋刑統』巻一四〈戸婚律〉「同姓及外姻有服共為婚姻〈夫喪守志〉」の条。

(27)『容斎続筆』巻八「姑舅為婚」。

(28)『朱子語類』巻八九「昏」の項(黄義剛の採録の部分)。応俊は、この朱熹の発言を捉えて「姑舅之子」の結婚の例証としているが、ここでは引用されていない引用文の前段に「拠律中不許」とあるように、朱熹自身はこの結婚を否定的に見ているのである。なお、応俊は仁宗の娘の公主が嫁した相手を李璋としているが、この結婚を記す『宋史』巻二四八「周陳大長公主伝」、司馬光『涑水記聞』巻八、『続資治通鑑長編』巻一九六、嘉祐七年二月癸卯の条などでは李瑋に作る。中華書局発行の校点本『朱子語類』も、李瑋に作る（ただし、和刻本の『朱子語類』は、李瑋に作る）。この仁宗の公主の婚姻をめぐる状況については、拙稿「北宋仁宗朝における女寵と後嗣問題——欧陽脩の『五代史記』との関連の下に——」（『名古屋大学東洋史研究報告』二四、二〇〇〇年）四九・五〇頁に記している。また、拙稿によって知られるように、仁宗の公主と李瑋は従兄妹同士ではなく、仁宗と李瑋が従兄弟であるので、仁宗は自分の従兄弟に娘を嫁したことになる。

(29)　ここの文章は『白虎通』巻四に基づく。ただ、引用文中に見える『礼』、つまり『礼記』巻六一、昏義や巻四、曲礼下にも『白虎通』とは異なるが、庶民を別として天子以下の妻妾の人数を記している。

(30)　『中説』巻八「魏相篇」。

(31)　邵伯温『邵氏聞見録』巻一一。ここでは側妾を娉けたのは司馬光の夫人となっているが、張舜民『画墁録』巻一では司馬光の上司で父親の司馬池の友人でもある龐籍夫妻となっている。

(32)　劉向『列女伝』巻二〈賢明〉「宋鮑女宗」の項。『蒙求集註』巻下「宋女愈謹敬姜猶績」は、この「列女伝」の記事を引いている。

(33)　『礼記』巻一、曲礼上。

(34)　『春秋左氏伝』巻一一、閔公二年冬十二月の条。

(35)　「牆有茨」と題する詩は、『詩経』巻三—一〈国風〉鄘に「牆有茨」として載っている。

(36)　『太平広記』巻一二九〈報応〉「王済婢」。なお、『晋書』巻四二に王済の列伝があるが、この話は載っていない。

(37)　『史記』巻三二「斉太公世家第二」。この話は、『古今事文類聚』前集巻四九「戸虫出戸」にも載る。

(38)　『袁氏世範』巻一「庶孽遺腹宜早辨」。なお、ここの訳は、基本的には西田太一郎訳に従った（五二・五三頁）。

服喪の正しいあり方（「正喪服」）

『礼記』には次のようにある。「三年も喪に服するのは何故だろうか。それは、人情の軽重に従って礼制を作り、親疎と貴賤それぞれの決まりを区別し、それに付け加えたり減らしたりしなかったからである。〔心に受けた〕傷が大きければ、それを癒すのに長い日にちがかかり、痛みが強ければそれの癒えるのが遅くまでかかるのである。三年という時間は受けた痛みが極点にまで達しているから設けたのである。〔三年の喪に〕糸でかがらない衣服を身につけ、黒色の竹の杖をつき、粥を啜《すす》り土塊《つちくれ》を枕とするのは、この上ない心痛を表しているからなのである。一体全体、天地の間に生を受けるものの中で、血が通い呼吸をするもので、同類を愛することを知らないものは無い。今、鳥や獣を例に取ると、仲間を亡くして一月を越え時間が経過して後、故郷に帰るときになると、啼きながら大空を何度も廻ってからそこを立ち去るのである(1)。もとより、血が通い呼吸をするものの中で、人間ほど知慮のあるものは無く、それ故に人間は〔五服の範囲にある〕身近な血縁者の死去に対しては、自分の死を迎えるまで悲しみの気持ちは尽きることはないのである。だが、もし心の拗《ねじ》けた人に準拠しようとすると、彼らは朝に親が死んでも夕方までにはそれを忘れてしまうのだから、そのやり方に従ってしまうと、鳥や獣にも劣ることになる。もし、行いの優れた君子に準拠しようとすると、三年の服喪でさえも、四頭立ての馬がわずかな隙間を通りすぎるほどのあっけない期間にしか感じられないから、そのやり方に従ってしまうと、悲しみが果てることなく服喪が際限なくなってしまう。そこで古《いにしえ》の立派な王者は中庸を得た制度を作成して、服喪を三年に止め、そうして条理が成り立つようにして終わりにしたのである。そうだとすると、どうして一年の服喪というものがあるのだろうか。曰く、〔それは、その期間に〕天地〔の様子〕が変化し、春夏秋冬という四つの季節が移り変わり、天地の間に存在する全ての古いものが新しく生まれ変わってゆくからで、それゆえに一年という期間が必要なのである、と。九か月以下〔の服喪〕は、〔服喪の方法を〕漸減してゆくが、それは〔恩愛ある父母以上には服喪の長さを〕及ばないようにさせるためである。だからこそ、三年〔の服喪〕が一番に手厚く、一年や九か月はその中間で、〔五か月の服喪の〕小功と〔三か月の〕緦麻《しま》は人情と道理からして減殺して薄くするのである。〔こうした方法は〕上は天に則り、下は地に倣い、中は人間の情意に基づいたものであり、〔この三者が皆な備わって〕人は集住生活をおくりながら、周囲と仲良くし調和しようと一生懸命に心掛けているという道理が尽くされるのである」と[2]。

〔死者が出たときにする顔つきは〕斬衰《ざんさい》は苴《あさ》のような黒く沈んだ顔色、斉衰《しさい》は枲《からむし》のような青ざめた顔色、大功は表情を表さず、小功と緦麻は普通の顔つきでよい。これは悲しい気持ちが姿形に出てくるということなのである。〔死者に対する泣き声は〕斬衰は声を一度挙げたら気絶して声が挙げられないような泣き方をし、斉衰は声を挙げて引き戻ってくるような泣き方をし、大功は声を挙げるとき三度屈折する泣き方をし、小功と緦麻は悲しさの中にゆったりとした泣き方をする。これは悲しみの気持ちが声音に表現されるということなのである。〔死者が出たときの発言は〕斬衰は「はい」と返事をするだけで何ら具体的な発言はせず、斉衰は自分の事には言及するが他人の事は口にせず、大功は自他の話に及んでも議論はせず、小功と緦麻は議論をしても楽しむまでには至らない。これは悲しい気持ちが言語に表現されたということなのである。〔死者が出たときの食事は〕斬衰は三日間は食事を摂らず、斉衰は二日間は食事を摂らず、大功は一日間だけ三回の食事を摂らず、小功と緦麻は一日間だけ二回の食事を摂らない。父母が亡くなった後、死体を柩に収める殯《かりもがり》が終わると、お粥を口にしてよいのだが、〔斬衰の服喪をする人は〕朝は片手一杯の米で作った粥を食し、夜にも同量の粥を食べる。斉衰に服する人は粗食と水を摂り、青物野菜や果物を口にしない。大功に服する人は、〔野菜を摂ることはできるが〕酢や味噌で味付けしない。小功と緦麻に服する人は酒は控える。これらは、悲しい気持ちが飲食に表現されたということなのである。〔死者が出たときの居住まいは〕父母が亡くなった人〔つまり斬衰に服する人〕は、粗末な小屋に住んで苫《とま》の筵《むしろ》に横たわって土塊《つちくれ》を枕とし、首や腰に付けている喪服用の麻帯を外さずに寝る。斉衰に服する人は、粗末な白土の壁の部屋に寝起きし、蒲で編んだ筵に寝る。大功に服する人は、莫蓙の敷物に寝て、小功と緦麻に服する人は、ベットに寝ても構わない。これらは、悲しみの気持ちが居場所に表現されたということなのである。〔死者が出たときの衣服の布地は〕斬衰は縦糸が三升（一升は縦糸が八〇本）の布、斉衰は縦糸が四升・五升・六升の布、大功は縦糸が七升・八升・九升の布、小功は縦糸が十升・十一升・十二升の布、緦麻は縦糸が十五升の布をそれぞれ用いる。これらは悲しみの気持ちが衣服に表現されたということなのである。[3]

古《いにしえ》の聖人は人間の情愛に基づいて五段階の服喪制度を制定し、このように段階的に服喪を逓減していった。現在、お前たち民衆は親族同士でありながら互いの権益を侵犯し、服喪すべき年月を問えば、皆が皆、知らないと言う。こうしてみれば、〔親族に〕死人が出ても服喪しなかったり、あるいは服喪したとしても規定の月日をやり遂げない者たちも〔確かに〕多くいる。〔このような情況では〕禽獣と隔たることどれほど遠いといえようか。

【亡くなられた我が師の朱文公（朱熹）は、「〔五代十国時代〕湖南を領有していた楚王の馬希声が父親（馬殷）の葬儀の日に鶏肉入りの羹《あつもの》を食べて、属僚の潘起にその行為を批判された」と語った。[4] この話は五代のとき、服喪していて肉食することが、人に異常な事態だとされたのだが、現今では何と亡くなった親の身体の温もりがまだ冷めていないときに肉食している者がいるし、親が亡くなって、まだ遺体を柩に納めていないときに、賓客に酒食でもてなして労をねぎらい、これを「暖喪者（喪くなった者を暖める）」と名づけている。これらは禽獣にも劣る行為なのである。それでも、なお、〔このような連中に〕三年の喪に服すべきだと責め立てられようか。しかしながら、〔江西清江県の〕南齋先生の傅聘君実之は、服喪しているとき粗末な食事に終始して、周囲の郷村の人びとは、その行為に感化された。(5)〔このような事例からすると〕現在の風習も素晴らしい古の時代とは異なってしまっているとは言えぬであろう。とくに士大夫にあっては、少しの移動の間でも郷里の輿望を担うものとして、人びとの模範となれるようにしたほうが良いであろう】。

（鄭至道の原編）

（1）ここでは「反其故郷、則回翔鳴号」となっているが、『嘉定赤城志』巻三七「風土門」の当該箇所は、「反其故郷、則翔回鳴号」に作る。
（2）「礼記曰」からここの「人所以群居和一之理尽矣」までの記述は、字句の省略を伴いながら、基本的には『礼記』巻五八、三年問に依拠している。
（3）「斬衰貌若苴」からここの「此哀之発於衣服者也」までの記述は、基本的に『礼記』巻五七、間伝に依拠している。
（4）『通鑑綱目』巻五六、長興元年十一月の条。なお、この馬希声の話は、『五代史記』巻六六、楚世家にも載っている。
（5）傅実之は本書の巻上「教子孫」（九表）にも登場し、応俊が知事として本書を編集した江西新昌県が属する筠州の南隣の臨江軍内の清江県出身の人物である。事迹は『隆慶臨江府志』巻一二「人物伝」に載るが、ここに記す服喪の逸話は記録されていない。

孔子は、「少連と大連は立派に服喪を行った。つまり、親が亡くなって三日間は飲み物も口にしないなど怠ることなく礼誼を尽くし、〔埋葬前の〕三か月間は柩の前で朝夕に声を挙げて泣く礼を欠かさず、一周忌（「練」あるいは「小祥」）が過ぎても常に悲哀の気持ちで朝夕に声を挙げて泣き、三年の服喪期間を過ぎても悲しみで憔悴していた。〔この二人は〕東方に住む夷狄の子供である」と仰ったが、[1]この、夷狄に生を受けながらも儀礼をわきまえているということを言ったのは、中国に住みながら礼に叶った行為を知らない人たちに警告を発しているのである。[2]鄭〔至道〕殿の服喪に関する篇は、もとより人びとに礼誼を知らしめようとしたものである。私が思うに、葬儀と祖先祭祀の二つは、子供として特別に心を砕かなければならないところである。というのも、思うに、子供は親を亡くして、儀礼に叶ったやり方で葬儀を執り行えば、親の葬儀を鄭重に行えたということであり、祖先祭祀を儀礼に叶ったやりかたで行えば、祖先祭祀に敬愛を込めて行ったということなのだ。確かに世の中には親の葬儀を行わないという人もいるのだから、ましてや儀礼に叶った方法で葬儀を執り行うことなどどうして期待できようか。また、確かに祖先祭祀をしない人もいるのだから、ましてや儀礼に叶った方法で祖先を祭ることなどどうして期待できようか。

それ故に、司馬温公〔司馬光〕は、かつて次のように論じた。[3]「葬儀を行うことは子供の大事な義務であり、死者にとっては墓穴が安らぎの場所である。だから、死んでしまってから埋葬されないのは、まるで出かけてはみたが、まだ帰れないようなものである。こうした理由から、子供は、いくら親を大切だと思っていたにせよ、親の遺体を〔家に〕長く止めて埋葬しないままにはしないのだ。古《いにしえ》の時代、天子の場合は七か月、諸侯は五か月、大夫は三か月、士は一か月を越えたら埋葬を行ったものである。現在の五服に対して決められた年月からすると、[4]天子諸侯以下は、皆、三か月で埋葬するようにと勅令で定められている。これは〔その期間で埋葬することが〕中庸を得た制度だから取り上げて述べているのだ。礼典によると、まだ埋葬が済んでいなければ普段の衣服に着替えず、[5]粥を啜って粗末な小屋に住み、苫《とま》の筵に横たわって土塊《つちくれ》を枕とするという。[6]思うに、子供の気持ちとしては、まだ親が安らぎの場所を得られないのだから、あえて安らごうとはしないということなのだ。

【『南史』に[7]、「海虞令（江蘇省常熟市）の何子平は母親が亡くなると官職を退いて〔喪に服したが〕、礼制を越えた悲しみの仕方をして痩せ細り、いつも地団駄を踏みながら泣き声を挙げたかと思うと、急に気を失って暫くしてから蘇るのであった。大明年間（四五七～四六四）の末頃[8]、東方で飢饉があり、次いで戦争もあって、八年も葬儀を営めなかったために、昼夜を分かたず泣き悲しんだが、その有り様は、いつも母親が亡くなった翌日のようであった[9]。冬は綿入れを着ず、夏は涼しさを求めず、食事は一日に米数合で作った粥で済まし、塩気や野菜を口にしない。住まいは部屋はボロボロで、満足に雨や風さえ防げなかった[10]。兄の子供の伯興がみかねて修理しようとすると、それを拒否して、『まだ私の気持ちとしては充分に成就できておらず、その点で天地の間の一人の罪人に過ぎない。そうした情況で、どうして部屋を屋根で覆うのが相応しいといえようか』と述べた。蔡興宗は〔海虞県を管轄している〕会稽太守となると、何子平の行為を誉め称えて褒美を与え、そのために母親の墓を作ることができた」とある】。

今の世の中では風水師の言うことを信じ込んで、埋葬の年月日と時間とを選ぶ。

【唐の太常博士の呂才は『葬書』を著して次のように述べている[11]。「礼典によると、天子・諸侯・大夫は、皆、それぞれ亡くなってから規定の月数によって埋葬されていた。そうだとすると、古《いにしえ》の人びとは埋葬の年月を選んだりはしなかったのである。『春秋』に『〔定公十五年九月〕丁巳の日、定公を埋葬しようとしたが、雨のために果たせず、〔翌日の〕戊午の日の午後になって始めて埋葬できた』とあり[12]、〔また、同じ『春秋』に宣公八年冬十月〕『己丑の日、〔宣公の母の〕敬嬴《えい》を埋葬しようとしたが、雨のために果たせず、〔翌日の〕庚寅の日の日中になって埋葬できた』[13]とある。これは、日を選ばなかったということなのである。鄭では国主の簡公を埋葬することになったが[14]、埋葬に使用する道路が司墓の家（国君の陵墓を掌る家柄の家）にひっかかっていた。家を壊せば埋葬が朝の内に終わり、家を壊さなければ、埋葬は日中になってしまう。〔葬儀を取り仕切っていた鄭の卿である〕子産は家を壊させなかった。これは時間を選ばなかったということなのである」と】。

また、埋葬場所の周りの山や川の位置・形状が選択の対象となっている。

【古の時代、埋葬場所としては、全て国都の北側が当てられ、墓地は決まった場所にあった。このことは、埋葬者が場所を選ばないということなのである。司馬温公（司馬光）は、「『孝経』には、『墓所の善し悪しを占って遺体を安置する』とあるが[15]、これは埋葬地の適否の吉凶を占いで決定することを言っているだけで、現今の陰陽家が墓地予定地の山や丘の風水の善し悪しを診るのとは異なるのだ」と述べている[16]。また、程正公（程頤）は次のように述べている[17]。「墓地を占うのは、墓地の善し悪しを占うのである。その場所が善ければ、御霊は安らかで子孫も繁栄するだろう。そうだとすれば、何を善い場所というのかと言うと、土の色に光沢があるところである。そこには草木が生い茂っているのがその証拠である。しかしながら、験《げん》を担ぐ人は、皆、選択した墓地の方位によって埋葬の日の吉凶を決定する。甚しい場合は、祖先なんてどうでもよくて、ひたすら子孫に利益をもたらすかどうかだけを気にかけているが、それは、とても子供として遺体を墓地に安置する心遣いとはいえない。ただ、五つの点だけは慎重を期して心配しておかなければならない。つまり、墓地の場所が、いつの日か道路にならないこと、城郭とならないこと、水路や池にならないこと、勢力家や身分の高い人たちに奪い取られないこと、農地となって耕作が及ぶことのないことである」と。思うに、親の遺体に安らぎ場所を与えることを第一だとするならば、墓地は場所を選択しないではいられないが、その選択は験《げん》担ぎして拘ってはならないのである。選択して験担ぎに拘らないのであれば、埋葬に相応しくない時間だと心配する必要もないのだ】。

それは、子孫の貧富・貴賤・賢愚・寿命の長短が全て、これに関わっていると考えるからである。だが[18]、風水のやり方も〔風水師によって〕まちまちなことが多く、風水師の間であれこれ紛糾して埋葬すべき時の決着がつかず、服喪が終わっても、場合によって十年や二十年、あるいは一生涯かけても何世代も重ねても埋葬できず、遺体を入れた柩が水害で流されたり火事で焼けたり、見知らぬ他人に投棄されたりして失ってしまい、遺体や柩が行方知らずになってしまうのは、何と哀れで悲しいことではないか。人が子孫をもつことをなぜ大事だと考えるかというと、死んでから自分の身体を付託できるところがあるためである。〔それなのに〕死んだ後に埋葬されないとすると、子孫をもたずに道端で死んでしまった人と、どこに違いがあるといえるだろうか。『詩経』に、『道を歩いていて死人に遭遇すれば、やはり遺体を埋葬してやる』とある。(19)まして子供でありながら、親の遺体を見捨てて埋葬しないなんていうことにどうして耐えられようか」と。

大体、世の中でグズグズと埋葬が引き延ばされるのは、ほとんどの場合、兄弟がそれぞれ自分の利益だけを考えたことによるのであって、

【唐の温大雅が祖父を改葬しようとしたとき、占い師は埋葬地を占って、「〔この場所は〕弟には吉だが、貴方には利益がない。如何しますか」と訊いたので、大雅は「貴方のいうとおりならば、私は微笑みながら死ぬのを待つとしよう」と答えた。その後、大雅は〔工部〕侍郎にまで出世し、子孫にも御史になるものがいた(20)】。

しかも、いなか風水師や卑俗な占い師が、さらに兄弟それぞれの考えを聞き入れるふりをして誑《たぶら》かし、果ては一方の賄賂を受け取ってその一方の当事者に有利なように欺くからなのだ。【兄の賄賂を受け取れば、「この場所は兄の家に有利だ」と騙し、また、弟の賄賂を受け取れば、「この場所は弟の家に有利だ」と偽る】。愚かで無知な者は、手もなく〔風水師や占い師に〕欺かれても気づかないのだ。

【倪尚書〔倪思〕の詩に、「風水は社会に無いではいられぬものだが、陰徳と互いに符合する必要がある。もし、陰徳が無いのに、風水にだけ頼るならば、〔風水に優れた才能を発揮した東晋の〕郭璞《はく》が再びこの世に現れたとしても、意図どおりにすることは難しいだろう」とある。(21)また、曹仙姑の詩には、(22)「風水は山中をねぐらとする人にとって葬式の山車のように喜ばしく、南だ北だ西や東だと指し示すが、もし山の頂きに子孫から王侯を出す兆しがあるならば、どうして家に帰って自分の老いた父親をそこに埋葬しないのだろうか」とある】。

そもそも、ある山の気が強いと、一族のある系統が豊かになり、ある山の気が弱いと、一族のある系統が貧しくなるというのは、ただ道理からしても問い糺《ただ》さざるをえないだけでなく、陰陽に関する近頃の書物においてさ

えも、そうした〔卑俗な風水の効能を言い立てる〕所説を厳しく排撃しているのだ。つまり、いなか風水師や卑俗な占い師だけが〔風水の効能を〕誇大に言い立てて扇動し、利益を得る元手としているのである。だから、埋葬地を選択しようとする人は、最初に必ずこの誤った所説に打ち勝てば、その後、この所説に拘る心配は無くなる。〔このことは〕人の子供として深く洞察すべきことがらなのだ。大観年間（一一〇七～一一一〇）のことだが、南剣州（福建省南平市）出身の羅鞏が太学に在学していたとき、太学に神を祭った祠堂があって霊験あらたかであった。鞏はいつも将来の運命のことを願って、朝夕にその祠堂に祈りを捧げていた。ある夜、夢に神様が現れて、「貴方は既に冥府で罪を犯しており、早く帰郷した方がよい。将来のことなど問題にしている場合ではない」と告げた。鞏は、「私は普段から正しい行動を心掛けて、道に外れることは少ないと思います。どうか何の罪を犯したのかを教えて下さい」と懇《ねんご》ろに訊ねた。すると、神は、「貴方に他の罪過はなく、ただ父母を長年にわたって埋葬していないだけだ」と教えると、鞏は「家には兄弟もいるのに、私だけに罪が掛けられるのはどうしてか」と反論すると、神は「貴方は礼と義を学んで儒者となったのだから、咎《とが》め立てをされたのだ。他の兄弟は平凡な一般人で、とくに責任を問いつめる必要はないのだ」と答えた。鞏は夢から覚めて〔父母を埋葬していないことを〕後悔し、身支度をして急いで帰っていった。同学に同郷の人がいて、皆、驚いて帰郷する理由を聞くと、夢のお告げの話をしてやった。鞏は家に辿り着く前に死んでしまった[23]。

この話も充分に戒めとすべきものである。しかし、世の中には、夷狄のやり方を真似して遺体を火葬にする人もいるのだ。

【『列子』に、「秦の西の方に儀君という国があって、そこでは肉親が亡くなると、薪を積み上げて遺体を焼いてしまう。火を付けて燃え上がると煙が上がるが、それを天に昇っていったと言うのである」とあるが[24]、世間の人で親が亡くなって火葬することは、これとどこが異なるというのだろうか】。

習慣が長年にわたって積み重なると、それがもはや普通のことと見なされ、かつて古の時代に謀反人や悪逆を犯した人こそが、骨を焼かれその灰が空中に巻き上げられるという刑罰を受けたのだと承知しないようになってしまった。

【〔春秋時代〕魯の〔〈儀礼・祭祀を司る役職である〉宗伯の〕夏父弗忌《かほふつき》は、亡くなったばかりの僖公と先代の閔公の祭祀する順番を逆にする提案をおこなったが、夏父弗忌が亡くなると、その柩は焼けて煙が上空に立ち上った(25)。これは埋葬されてから火が付けられ柩が焼かれたことを謂っているのだ。また、〔前漢の帝位を簒奪した〕王莽は遺体を焼く刑罰を創設し、〔匈奴に降伏した〕陳良らを焼き殺したが(26)、これは古の人が遺体の焼却を極刑としたことを示している。何と哀しいことだろうか】。

今まさに亡くなった親の肉体が冷たくならずまだ温もりがあるときに、人の子供として、親の遺体を烈火に投げ入れて灰燼に帰せしめることをどうして忍び得ようか。そうした行為を口に出して言うことさえ心痛いはずなのに、ましてやそれを実行するなんて、またどうして耐えきれようか。しかし、「郷里から遠方に赴任して、貧しくて親の柩を郷里に持って帰れないとすると、遺体を火葬にしないで、どうして郷里に埋葬できようか」と言う人もいるかも知れない。〔それに対して私は〕「〔王莽の新の時代、父親を亡くした〕廉范といった人たちは、その家が豊かであったのだろうか」と言いたい。

【漢の廉范の父親は〔王莽の新の〕混乱した時代に蜀の旅先で亡くなった。そこで范は〔父の亡くなった〕西州に寄寓し、西州の混乱が平定されると郷里に帰った。范は父の亡くなったとき十五歳であったが、母親の下を辞去して父親の遺体を迎えに西に向かった。蜀の太守の張穆は手厚い資金を提供して范を送り出そうとしたが、范はそれを受け取らず、父の食客とともに父親の柩を背に担いで帰郷した(27)】。

〔春秋時代〕延陵（江蘇省常州市）に封ぜられた季子（季札）の言辞に、肉親が土に帰るのは自然なことであり、死者の霊魂が辿り着かないところはないというのがある。[28]〔古の聖天子の〕舜は天子となって天下を巡遊し蒼梧（湖南省寧遠県の南東）に到着したときに崩御し、そこの野原に埋葬された。[29] あの天子にして、このように死去した場所に埋葬された。ましてや、士人や民衆だったら、尚更ではないだろうか。つまり、一生懸命に努力しても柩を郷里に持って帰れないならば、亡くなった場所に埋葬すればよいのであって、それは火葬にするよりも優れているのではなかろうか。〔司馬〕温公（司馬光）は、また、次のように述べている。[30]「世俗では、仏教の出鱈目な教えを信じて、死んでから四十九日、百日、一年、二年、喪明けのそれぞれごとに、僧侶を招いて御馳走し仏を祭る場所を設《しつら》え、ときには水陸に棲む動物に施餓鬼をする法会を行い、『これらを行うのは、死者の罪悪を滅罪して、必ず極楽に生まれ変わり種々の快楽を得させるためである。これをしなければ、必ず地獄に墜ちて切り刻まれ焼かれ磨り潰され、筆舌に尽くせない果てしない苦痛に苛《さいな》まれる』というのである。しかし、そうした人たちは、次の点に全く思い至らないでいる。つまり人間がこの世に生まれ落ちて血が通い痛みや痒みも感じるようになって、ときに爪を切り髪を剃ったりして、それを焼き切り刻んだとしても、一切、苦痛は感じないのだ。ましてや、死者にあっては肉体と魂が切り離された状態であり、肉体は土に入って朽ち果てて消滅してしまい、木や石と同様な状態になってしまい、他方、魂は風や火のように漂って、どこに行ったのかが分からなくなってしまうのだ。だから、もし仮に切り刻まれたり焼かれ磨り潰されたりしても、どうして苦痛を知覚できようか、と。また、仏教で説く、いわゆる極楽と地獄とは、勧善懲悪を企図してのものである。だから、いやしくも極めて公平に勧善懲悪を行わなければ、死者の魂に対してであっても、どうして正しく処断されたといえようか。唐代の人に、次のような言辞がある。【刺史の李丹が妹に与えた書簡[31]】『極楽が無いというならば、話はそれでお仕舞いである。もし有るとすれば、そこには君子が登れるはずである。地獄が無いとすれば、話はそれでお仕舞いである。もし有るとすれば、そこには小人が入るはずである』と。とすれば、世の中の人は親が亡くなって仏陀に祈りを捧げるという行為は、親を君子とは考えず、罪悪を重ねた罪深い小人と見なしていることになる。これは、何とまあ親に対する手薄な待遇ではなかろうか。たとえ、その親が実際に罪悪を重ねて罪深いとしても、仏陀にお祈りして賄賂を渡したとしても、どうして罪過を免れようか」と。

昔、伊川程先生（程頤）の家では葬儀に際して仏教のやり方を採用せず、そのことで伊川先生の住む洛陽には感化される人びとが出現した。[32] 江西を例にとって言えば、南齋先生傅聘君（傅実之）は親孝行によって郷里〔江西臨江軍清江県〕の人びとを感化した。[33] また、二程門下の例を挙げると、門人の鄒宗は服喪中は粗食を貫き通した。それゆえに、程伊川先生は彼を尊敬し、彼の母親の呉夫人の墓誌銘を作成し、さらには彼に、「〔服喪に当たって〕粗食を貫徹することは礼誼に叶っている。だから、これ以上、仏教に基づく儀礼を行う必要はない」と告げた。[34] しかし、かつて西山真文忠公（真徳秀）が次のように言っているのを聞いたことがある。[35]「かの仏教の教えが一般に通用できているのは、それに先立って我が国の儀礼が廃れてしまったからである。現在、服喪する場合、まず死者が出ると奠《てん》（酒食を供えて祭る）という祭礼がなされる。[36] 毎月の一日に行われる殷奠（盛大な祭祀の供物）[37]・虞祔（埋葬後の祭りの虞と先祖の廟に併せ祭る祔）[38] 祥禫《しょうたん》（埋葬後十三か月目の小祥という祭りと、埋葬後二十五か月目の大祥という祭り）[39] という祭祀は、全てそれらの実行によって子供として親を追慕する気持ちを充分に尽くしているのだ。そうだとすれば、世間一般の儀礼においては、仏教式の儀礼をやる閑さえないだろう。だが、中国伝統の祭礼を行わずに、ただ単に仏教式は駄目だと言ってしまっては、服喪している人からすると、当てど無くうろうろするだけで親から受けた恩に報いることができなくなる。それはよいことだとはいえないのだ」と。

経典に次のようにある。[40]「墓所の善し悪しを占って遺体を安置し、春と秋に祭祀を行い、適切な時季に親に対する哀惜の気持ちを捧げる、これこそ子供として親に仕えるやり方の最後のものといえる」と。

【祭祀に関する所説は、どうして服喪のときのものだけに止るだろうか。伊川程子（程頤）は、次のように語っている。[41]「山犬や川獺《かわうそ》でさえも、自分の本源である親に報恩することを知っている。[42]現在、士大夫の家では親に厚く孝養を尽くしても、亡くなった先祖に対する供養は手薄であって、これはとてもよくないといえよう。私は、かつて六礼に関する書物を編纂したが、その大略は、士大夫の家では必ず廟を持ち、廟には必ず祖先の位牌を設け、月の一日には必ず時節のものを供え、〔春夏秋冬の〕四季の祭祀は真ん中の月に行い、冬至には始祖を祭り、立春には〔始祖から高祖の間の〕先祖を祭り、秋の終わりには亡き父親を祭り、それぞれの命日には亡くなった人の位牌を正殿に迎えて祭れ、と主張するものであった。一体全体、死者への祭祀は生きている人に対するよりも手厚くすべきで、もしこのような数件のことが各家で出来るならば、幼子であっても次第に礼儀の何たるかを知るようになるだろう」と。ある人が世間一般の季節ごとの祭祀について訊ねたところ、朱文公（朱熹）は次のように答えた。[43]「韓魏公（韓琦）はそれを上手にやっており、これを節祠と言った。私の家もこのやり方に依拠しているが、ただし七月十五日に僧侶を招いて精進料理を作って祭祀することは採用していない。そもそも欽夫（張栻の字）が祭祀に関わる世間一般の行事をやめたことに対して、私は、『貴方は端午の節句には粽《ちまき》を食べ、重陽の節句には茱萸《しゆゆ》（かわはじかみ）の実を髪に挿し、菊酒を飲むだろう。先祖の祭祀をせず、自分だけは祭祀を受けるというのでは、貴方は安心できますか』と質問したものだ」と。唐代の顔魯公（顔真卿）や張司業（張籍）は自分の家での祖先祭祀に〔燃やしてあの世の先祖に捧げる〕紙銭を用いることをしなかった。[44]官僚たちは、このやり方に従った。そもそも、紙銭を焼いて祖先を祭ることは、玄宗朝の王璵《よ》から始まり、古には無かったのである[45]】。

しかしながら、君子には生涯を通しての服喪ということがある。親の亡くなった日をいうのである。親の亡くなった命日（「忌日」）は他の事をしないが、それは不祥だからではない。つまり、その日には親の亡くなった当時のようにとても悲しい気持ちになって、敢えて私情に従って〔親を悼む以外の〕他の事をしないことをいうのである[46]。

【朱文公（朱熹）は母親の命日には薄青黒い色の単衣を身に付け、頭巾もそれに合わせたものを被ったが、ある学者はそれについて、「今日の服の色はどんな意味があるのでしょうか」と訊ねたところ、朱文公は「貴方は、礼典に君子には生涯を通しての服喪が存在するとあることを聞いていないのですか」と答えた[47]。また、丁晋公（丁謂）が語っている。「艾《がい》仲孺侍郎の母親《ママ》が嫁いできたとき、衣装箱の中には一枚の薄墨色の喪服があるだけであったので、艾家の兄弟の嫁たちは驚いて詰問したところ、『生家の父母が舅と姑の命日にこれを着て夫を慰めるようにと教えてくれた』と答えた。〔艾仲孺の活躍していた太宗・真宗朝時期〕当時、士族の家では、まだこの種の儀礼が残っていたが、現在では全く聞いたこともない」と[48]】。

ある人が、また次のように述べている[49]。「すでに父母が亡くなっていれば、子供としては自分の誕生日に、父母の命日の日のような気持ちでいるべきだ」と。子供としては、どうしてこの気持ちを知らないでいられようか。

【伊川先生（程頤）は、次のように語っている[50]。「人は、すでに父母を失っていたら、自分の誕生日には悲しみが倍加するものだ。ましてや、どうして飲酒したり音楽を奏でて楽しまれようか。そんな楽しみは父母が双方とも健在しているときに出来るものだ」と。唐の太宗は〔皇后の弟の〕長孫無忌に対して、「今日は朕の誕生日で、世の中の人びとは挙げて楽しい祝い事だとしているが、かえって朕は悲しい感じがするのだ。それというのも、現在、朕は天下に君臨し、四海の豊かな富を手にしながらも、そうした喜びを親の膝元にあって長く享受できないからだ。このことこそ、〔孔子の弟子の〕子路が親が健在のときは貧しくて親のために米を遠く百里も担いでいったが、今はそうしたくても親はいないと嘆いた原因であった[51]。『詩経』[52]に、『父母が私を生み育ててくれた苦労に報いて孝養を尽くせなかったのは、何という悲しさであろうか』とあるが、確かに誕生日は両親に苦労をかけ始めた日なのに、どうして更に酒盛りして楽しめようか」と語り、幾筋かの涙を流した。話を聞いていたお付きの家臣たちは悲しい気持ちになった[53]。

真文忠公（真徳秀）は、「人の子供として、その誕生日に、もうすでに父母が亡くなっていたら、親の命日におけるような態度でいるべきだ。〔唐の〕太宗は万乗の君主の身でありながら、こうした〔親孝行の気持ちを示す〕行為を実行できた。ましてや、学問する者が、こうした事情に暗くていいのだろうか」と述べたが、師友ともどもその見解に納得した。[54] 胡澹菴《たんあん》（澹菴は胡銓の号）は、師匠の清節先生（蕭楚）のために師に対する服喪の規定を作り、張魏公（魏公は張浚の封邑号）は、友人の張無垢（無垢は、張九成の号）のために友人に対する服喪の規定を作った。蔡文襄公（蔡？）は友人が亡くなったことを聞いて飲酒と肉食を控えた。楊誠齋（誠齋は楊万里の号）は、とりわけ師友に対する義理立てに篤く、若いときに一字でも教えを請うた先生に対しては、必ず「この方は私の先生です」と称し、字《あざな》で呼ぶようなことは絶えてなかった。だから、清純劉先生（清純は劉安世の私謚）が亡くなると、そのために服喪の規定を作成した。[55]（応俊の続編）】。

（1）『礼記』巻四二、雑記下。『小学』巻四「敬身」にも、この「雑記」の記事を引く。なお、以下の記述は、各注に示すように、一応、それぞれの典拠が存在するけれども、全体は真徳秀『西山読書記』巻一一「父子」と文章の運び方が似ており、その節略である可能性が高い。なお、宋代の喪葬の習慣に関しては、『中国風俗通史（宋代巻）』（上海文芸出版社、二〇〇一年）第八章「喪葬風俗」や松本浩一『宋代の道教と民間信仰』（汲古書院、二〇〇六年）「第二章　宋代の葬送儀礼と黄籙齋」が簡にして要を得た叙述をしている。

（2）ここの「言生於夷狄而知礼、所以警中国不知礼者也」は、無論、『礼記』雑記下を受けた応俊の解釈であるのだが、引用した『礼記』巻四二、雑記下の経文に付けられた「言生於夷狄而知礼也」という注文を踏まえたものである。

（3）ここの「司馬温公嘗論之曰」以下の引用文は、三一葉裏一行目に「温公又曰」とあることからすると、文脈上、この「温公又曰」の直前の「不猶愈於火焚乎」までと考えるのが自然であろう。しかし、「司馬温公嘗論之曰」から二九葉裏四行目の「況為人子乃忍棄其親而不葬哉」までの引用文が、以下に述べるように、ともあれ司馬光の文章の切り貼りであるのに対して、それ以降の文章は司馬光からの引用文を基本としながらも司馬光の文章には無い文章も混じっており、そのために、ここでは「司馬温公嘗論之曰」の引用文は一応、二九葉裏四行目の「況為人子乃忍棄其親而不葬哉」までとする。こうした混乱が起きた原因は、ここの引用が司馬光の文章それ自体からではなく、註(1)に指摘したように、真徳秀『西山読書記』巻一一「父子」を節略したからであろう。なお、ここの引用文は、最初と最後は『温公家範』巻五「子」下に載る幾つかの話柄を切り貼りしたような文章となっている。ただ、途中の「大夫三月、士踰月而葬」の「而葬」以下は、『司馬氏書儀』巻七「卜宅兆葬日」という項目の出だし近くにある、「既択地得数処」という本文の一句に続く夾注の文章が基本となっているようにもみえる。ただ、『司馬氏書儀』の夾注の文章もそのままというわけではなく、転倒や大幅な節略もある。また、本文に引用されているのと同様の主旨は、司馬光『温国文正司馬公文集』巻七一「葬論」（『伝家集』は巻六五）にも展開されている。

（4）『朱子家礼』巻四「喪礼」にも、「三月而葬」とあって、その夾注に、ここの司馬光の所説が引かれている。

（5）『礼記』巻三三、喪服小記の「父母之喪偕、先葬者不虞祔、待後事、其葬、服斬衰」という経文に続く注にも疏にも「不葬、不変服也」とある。

（6）『礼記』巻五八、三年問と巻四五、喪大記。

（7）『南史』巻七三、何子平伝。同じ話は、『宋書』巻九一、何子平伝にも載っており、また、『温公家範』巻五「子」下にも見える。

（8）本文は「蜀大明末」に作るが、『南史』巻七三、何子平伝は「属」に、『宋書』巻九一、何子平伝は「値」に作る。一般的に言って、『四庫全書』は単純な書き間違えがよくあるが、「属」の本字は「屬」であり、「蜀」と似ているので、この場合も書き間違えたのであろう。

（9）本文に「常如袒括之日」とある「袒括」とは、『礼記』巻八、檀弓上に、「既小斂、挙者出、尸出戸、袒且投其冠、括髪」とあるように、小斂（亡くなった翌日、尸《いたい》を堂中に移し衣服を改め）の後、「袒（肌脱ぎ）」をして冠を脱いで髪を麻布で「括」ることであるので、「亡くなった翌日」とした。

（10）本文も、『南史』巻七三、何子平伝も「不蔽風日」につくるが、『宋書』巻九一、何子平伝は、「不蔽雨日」に作る。この話の後段で、何子平が姪《おい》の何伯興の屋根を葺こうという行為を拒否したことからすると、風を防げないだけでなく、雨も防げないと考え、両者を折衷して「雨と風」と訳した。

（11）ここの埋葬をめぐる話は、『旧唐書』巻七九と『新唐書』巻一〇七のいずれの呂才伝にも記述されている。『旧唐書』には呂才の『宅経』として引用している一方、『新唐書』は『葬篇』にある記述として引用している。両『唐書』本伝の引用文を比較してみると、『旧唐書』の方は、呂才の陰陽に関する『卜宅篇』『禄命篇』『葬篇』の三篇を入り混ぜて、『宅経』という名の下に引用しているように思える。ただ、ここの引用文は、文章や字句からして、両『唐書』ではなく、司馬光『温公家範』巻五「子」下の呂才の話柄から採ったのかも知れない。

（12）『春秋左氏伝』巻五六、定公十五年九月丁巳の条を参照。ただし、引用文は伝ではなく経文を引いたもの。

（13）『春秋左氏伝』巻二二、宣公八年十月己丑の条を参照。ただし、引用文は伝ではなく経文を引いたもの。

（14）ここの部分は本文では、「鄭葬簡公」となって、簡公を埋葬する主体が鄭という国になっているが、両『唐書』の呂才伝では、当該箇所は「鄭卿子産及子太叔葬簡公」となっていて、簡公を埋葬する主体が鄭の卿である子産と埋葬を司る子太叔の二人となっており、微妙にニュアンスが異なるが、ここでは『琴堂諭俗編』の本文に従っておく。なお、これに関する話は、『春秋左氏伝』巻四五、昭公十二年三月の条に載っている。

（15）『孝経』巻九、喪親章。当該箇所の疏に、「孔安国云、恐其下有伏石涌水泉、復為市朝之地、故卜之是也」とあって、その場所が埋葬地として適しているかどうかを問題にしていると知られる。

（16）『司馬氏書儀』巻七「卜宅兆葬日」という項目の出だし近くにある、「既択地得数処」という本文の一句に続く夾注の冒頭の部分。

（17）『河南程氏文集』巻一〇（『二程全書』は巻六四）「葬説」。

（18）本文の「而其為術又多不同」から「豈不哀哉」までは『司馬氏書儀』の文章とかなり異なる。

（19）『詩経』巻一二―三〈小雅〉小弁。

（20）『旧唐書』巻六一・『新唐書』巻九一のそれぞれの「温大雅」伝。ただ、引用文の字句をみると、ここは『新唐書』の本伝に依拠したのであろう。新旧『唐書』のいずれの温大雅伝も、祖父の改葬から一年余りして温大雅が死去したと記す。また、『新唐書』の温大雅付伝によれば、温大雅の五世孫の造が穆宗朝に殿中侍御史や知御史雑事、さらには御史中丞となり、造の子供の璋も侍御史（就任時期は付伝からは不明）となっている。なお、『旧唐書』巻一六五、温造伝にも造の侍御史・知雑事・御史中丞への就任が記されているが、温造伝付伝の温璋伝には御史就任の記載はない。なお、ここの逸話は、『古今事文類聚』前集巻五八「害兄福弟」にも見える。

（21）倪思は『宋史』巻三九八の本伝によると、湖州帰安県（浙江省湖州市）の人で、乾道二年（一一六六）の進士で博学宏詞科にも及第した人物だが、この詩は『宋詩紀事』や『全宋詩』にも見あたらない。なお、ここと同様の文句は、本書の下巻「積陰徳」にも、倪思の「勧陰徳文」の一節として出てくる。

（22）曹仙姑の詩は、『宋詩紀事』巻九四に載るが、ここの詩は見あたらない。

（23）洪邁『夷堅甲志』巻七「羅鞏陰譴」。ここの話は、かなり後世のものだが、『乾隆福建通志』巻六七〈雑記〉「延平府」にも引かれている。

（24）『列子』巻五「湯問第五」。ここの引用文には、「有儀君之国」とあるが、『列子』の当該箇所は、「有儀渠之国者」に作る。

(25)『春秋左氏伝』巻一八、文公二年八月丁卯の条。その条をみると、宗伯の夏父弗忌は大廟での祭祀に際して、亡くなったばかりの僖公を先代の閔公よりも上位に置く提案を行ったが、これが父よりも子供を上位に据える非礼行為として孔子によって非難されている。夏父弗忌の死後の運命に関しては、同条の疏文に記されている。

(26)『漢書』巻九四下、匈奴伝、天鳳元年の条。また、同条の応劭の注には、「易有焚如・死如・棄如之言、莽依此作刑名也」とある。なお、本文の火葬にまつわる『列子』、夏父弗忌、王莽に関する逸話は、洪邁『容斎続筆』巻一三「民俗火葬」や、それを引く『古今事文類聚』前集巻五六「焚尸之惨」に見られる。

(27)『後漢書』列伝巻二一、廉范伝。なお、本文では廉范の寄寓した場所を「西川」に作るが、同伝に従って「西州」に改めた。ちなみに、当該条の李賢注に、「謂巴蜀也」とあって、「西州」は特定の地名ではなく、巴蜀という地方を指すようである。ここの話は、『温公家範』巻五「子」にも載っている。

(28)『礼記』巻一〇、檀弓下。この檀弓の記事によると、この言辞は、季札が斉に使者として派遣され帰国しようとして、その途中、長男を亡くし、それを埋葬したときに発せられている。

(29)『史記』巻一、五帝本紀に、「〔舜〕践帝位三十九年、南巡狩、崩於蒼梧之野、葬於江南九疑、是為零陵」とある。

(30)『司馬氏書儀』巻五〈喪儀一〉「魂帛」の夾注。

(31)『琴堂諭俗編』の夾注は、「刺史李舟与妹書」に作るが、この記述が依拠する『司馬氏書儀』巻五〈喪儀一〉「魂帛」の夾注に、「唐盧州刺史李丹与妹書」となっていることに従って「李丹」に改めた。ただ、「唐盧州刺史李丹与妹書」と題する文章は、管見の限り、李丹の文章を載せる『全唐文』巻四〇四を初め、現在のところ見出せない。ただ、南宋・俞文彪『吹剣録外集』に、この話が載っており（ただし、『吹剣録外集』は「李丹」ではなく「李舟」に作る）、また、ここの「唐人有言」以下の文章は、真徳秀『西山真文忠公文集』巻四〇「泉州勧孝文」にも、「然昔賢有言」以下に同じ文章がみられ、宋代時期、この李丹の話はよく知られていたと思われる。

(32)二程の仏教批判は『河南程氏遺書』の至るところに見出されるが、火葬批判は同書巻二下のほとんど最後の部分にみられる。この程頤の逸話は、『小学』巻六「実明倫」にも引くが、清・張伯行『小学集解』の当該箇所の夾注によると、程頤に倣ったのは一人か二人の少数に過ぎなかったという。

(33)『隆慶臨江府志』巻一二「人物」の傅実之の伝に、「其文行為郷里所称」とあって、それを窺わせる記述がある。他に『雍正江西通志』巻七三「人物」、『光緒江西通志』巻一四三「列伝」にも傅実之の事迹が載っているけれども、それもこの『隆慶臨江府志』の記述と大同小異で、本文を直接に裏付ける記載は管見の限り見出せない。

(34)鄒宗という人物が二程の弟子にいたかどうかは、『宋元学案』や『宋元学案補遺』によっては確認できなかった。また、宋代の人物の索引類をみても、該当する人物を認定できなかった。加えて、本文に二程のどちらかが鄒宗の母親の呉夫人の墓誌銘を記したとなっているが、『二程遺書』を見るかぎり、該当する墓誌銘は載っていない。

(35)『西山読書記』巻一一「父子」。

(36)『礼記』巻九、檀弓下に、「奠以素器、以生者有哀素之心也」とあり、その疏文に、「正義曰、奠、謂始死至葬之時祭名、以其時無尸、奠置於地、故謂之奠也」とある。

(37)『礼記』巻四五、喪大記に、「主人具殷奠之礼、俟于門外」とあり、その注に、「殷、猶大也、朝夕小奠、至月朔則大奠、君将来則具大奠之礼以待之、栄君之来也」とある。

(38)『礼記』巻三二、喪服小記に、「大功者主人之喪有三年者、則必為之再祭、朋友虞祔而已」とある。

(39)『儀礼』巻四三、士虞礼に、「期而小祥、曰薦此常事」とあり、その疏文に、「自祔以後、至十三月小祥、故云期」とあり、また「又期而大祥、曰薦此祥事」とあり、その疏文に、「此謂二十五月、大祥祭、故云復期也」とある。

(40)『孝経』巻九、喪親章。

(41)『河南程氏遺書』巻一八。

(42)この程頤の「豺獺皆知報本」という言辞は、『礼記』巻一四、月令に、「(孟春)獺祭魚、鴻雁来、(中略)(季秋月)豺乃祭獣戮禽」とあるのに基づいていよう。

(43)『朱子語類』巻九〇「祭」(陳淳の採録の部分)。なお、『小学』巻五「広明倫」には、朱子学的葬送観念を窺う記事が幾つか載せられている。

(44)顔真卿と張籍が祖先祭祀に紙銭を焼くことをしなかったという話は、新旧両『唐書』にはそれぞれの列伝を含めて見あたらない。したがって、典拠は現在のところ不明。

(45)王璵と紙銭の関係は『旧唐書』巻一三〇・『新唐書』巻一〇九それぞれの王璵伝に見えるが、積極的な関わりは『新唐書』の列伝に詳しい。それには、「漢以来葬喪皆有瘞銭、後世里俗稍以紙寓銭為鬼事、至是璵乃用之」とある。同じ記事は、『資治通鑑』巻二一四、開元二十五年十月辛丑の条にも見える。

(46)「君子有終身之喪……不敢尽其私也」は、『礼記』巻四七、祭義からの引用文。

(47)『朱子語類』巻九〇〈礼〉「祭」(郭友仁の採録の部分)。なお、本文で「学者問」とある部分は、『朱子語類』の当該箇所では採録者の「友仁問」に作る。なお、本文の字句を見ると、『朱子語類』の原文ではなく、それを引く『古今事文類聚』前集巻五二「終身之喪」に酷似している。
(48)（伝）丁謂『丁晋公談録』（不分巻）。本文では「文侍郎中孺」となっているが、『丁晋公談録』によって、「艾仲孺侍郎」に改めた。また、本文では艾仲孺の「母」となっているが、『丁晋公談録』では「祖母」となっている。なお、艾仲孺の名前は、『宋史』巻一二六「楽志」と『宋史』巻一六〇「選挙志」に見え、太宗朝と真宗朝に活躍したことが分かる。なお、本文の字句を見ると、『丁晋公談録』それ自体ではなく、それを引く『古今事文類聚』前集巻五二「居喪」の記事に依拠しているように思える。引用文の冒頭に近い「文侍郎中孺」という語句も『古今事文類聚』のものである。
(49)ここは、後の夾注に示されているように真徳秀の言辞である（『西山読書記』巻一一「父子」）。
(50)『河南程氏遺書』巻六。
(51)『孔子家語』巻二「致思」に、「子路見於孔子曰、（中略）昔者由也、事二親之時、常食藜藿之実、為親負米百里之外、親歿之後、南遊於楚、従車百乗、積粟満鐘、累茵而坐、列鼎而食、願欲食藜藿為親負米、不可復得也」とあるのを踏まえている。
(52)『詩経』巻一三—一〈小雅〉蓼莪。
(53)文脈や語句からすると、ここは『資治通鑑』巻一九八、貞観二〇年十二月癸未の条に基づいているように考えられる。なお、石川安貞『資治通鑑証補』の当該の条は典拠不明となっている。ただ、語句に違いがあるが『貞観政要』巻七「礼楽」には、この逸話を載せている。
(54)『西山読書記』巻一一「父子」。
(55)本文に言及する胡銓・張浚それぞれの逸話は、管見の限り見出せないが、楊万里『誠齋集』巻一一八「朝奉劉先生行状」に、「先生之喪也、万里嘗見張魏公為張子韶侍郎友之服、又見澹菴先生胡及羅長卿為清節先生、服師之服、万里敬為先生制服焉」とあり、楊万里も含めた逸話の存在が確認できる。ただ、蔡文襄公については不明。

正しい墳墓維持の仕方〔「保墳墓」〕

墳墓とは父母が最終的に帰着し、子孫が生存する拠り所なのだ。父祖と子孫は気を同じくしているのであるから、亡くなった者が安らぎの場所を得れば、生きている者も安らぎを得られるということは、それまた道理といえよう。人がなぜ子孫を持つことを重視するかというと、死後、自分の身を託せる墳墓が有るからである。世の中、墳墓が守られずして、その子孫が繁栄した試しはないのだ。

唐の柳子厚（柳宗元、子厚は字《あざな》）が永州（湖南省零陵県）に左遷されたとき、許孟容に与えた書簡に、「先祖の墓が〔都の〕城南にありますが、一族の子弟でない人が墓守とならないようにして下さい。それというのも、墓に植えた松柏といった樹木が傷つけられ、家畜の放牧も禁止されず、重大な被害がもたらされることを恐れるからです」とある。(1) これは、ひたすら先祖の墓が他人によって損なわれ、墓の樹木が伐採されることを恐れたために発言したのである。

【〔劉宋の〕郭原平は家財を売却して墓前の田地数十畝を高値で買い取ったが、(2) 今の人たちの中には、かえって贍塋《せんえい》田《でん》（墓の維持費を捻出するために設けられた田畑）を売りに出す連中もいる。程伊川（程頤）は、墓地を選ぶ方法として、将来、墓地が農地となって耕作が及ぶことのないようにさせることを提唱したが、(3) 今の人たちの中には、かえって〔自分の家の〕墓域にまで侵入して耕作を行う連中がいる】。

現代人の中には、墓地の樹木を遠くから眺めて格好な材木だと思ったり、

【『礼記』に、「君子は自己の家屋を造るために墓地に生えている木を切り倒さない」とある。[4] 今の世の中で、「陰宅」〔墓地〕を壊して「陽宅」〔家屋〕を修繕しようとする者は災禍を受けないではいられないのだ】。

生い茂った墓地の草木を見て、それを薪にしようと考えたり【〔墓地〕の樹木を伐採して薪炭にしようとする者は、どんな場所にでもいるものだ】、墓の上に登って墓に収蔵されているものを掘りだそうと思う者がいたりするのだ。

【宝祐（一二五三〜一二五八）・開慶（一二五九）の頃、郷村の民衆の中には食べ物に困って、他人の家の墓を盗掘する者が極めて多かった。また、自分の家の曾祖父・祖父・父三代の墓を暴く不肖の子孫がいて、亡くなった者が安らぎを得られず、それにつれて生きている人も損害を受けたということがあった】。

〔すでにこの世に居ない〕先祖に、もし知覚があったならば、土の中でその不幸を悲しみ嘆いたであろう。嗚呼《ああ》、その上、どうしてこんな耐え難いことを口に出して言えようか。

昔のことだが、金持ちの息子が壁に、「家に千万貫のお金があったならば、一生、他人に施しを求めない」と書き付けたところ、その後ろに続けて、「三尺の深さに掘って〔お金を埋めても〕、そんな場所は百年も〔静かさを〕保てない」と書き付けるものがいたという。墓地に関する決まりがあるのは、こうした事態に対処するためである。しかし、かつて私が聞いた話に、唐代の人で、土を高く盛った素晴らしい墓地に沢山のお宝ということになれば、親に害が及ぶ原因となり、孝行とはいえないのだというのがある【〔この話は〕虞世南の「諫厚葬書〔厚葬を諫めるの書〕」にある[5]】。だからこそ、〔五代〕後周の太祖の郭威は、しばしば晋王【柴栄、つまり世宗のことである】を戒めて、「昔、西方に遠征したとき、唐朝〔皇帝の〕十八の陵墓を見たが、盗掘されていないものは無かった。これは、他でもない。ひとえに陵墓に金や玉が多く収蔵されていたからである。だから、私が死んだら紙製の布を着せ、素焼きの棺桶に収めて、早く埋葬し、長く宮中に留めて置かないようにしてくれ。陵墓を管理する女官は置かず、石で出来た羊・虎・人・馬などを陵墓の前に据えないでくれ。ただ、陵墓の前には石碑を建てて、それに『周の天子は普段から倹約を好み、紙製の布、素焼きの棺桶を使用するように遺命した。後を継いだ次の天子は、この私の意志に背いてはならない』とだけ刻み込んでおいてくれればよい。お前は、あるいは私のこの言いつけに背くかも知れないが、それならばお前に福をもたらさない」と述べた(6)。

【『邵氏聞見録』(7)に、「張侍中耆は厚葬を遺言し、晏丞相殊は薄葬を遺言したが、二人とも陽翟(河南省禹県(8))に埋葬された。元祐(一〇八六～一〇九三)中に、両方の墓は盗掘されたが、侍中(張耆)の墓穴には金や玉や犀の角、それに真珠が一杯に詰まっており、盗掘者はなかなか柩に近づけず、さらには入手した宝物も背負いきれなかったので、盗掘者は全て柩を礼拝するだけで立ち去った。他方、丞相(晏殊)の墓穴には数十の陶器があるだけであったので、盗掘者は苦労の割に見返りが少ないことに怒って、柩を切り裂いて金の帯を取り上げたら、それも木製であったので、ついには斧で晏殊の骨を粉々に砕いた。つまり、厚葬が禍を免れ、薄葬が禍をもたらしたのである。〔前漢武帝時代の〕楊王孫が薄葬を率先して行い、世の中の厚葬の気風を改めようとしたことは(9)、迂闊な計略だといえよう」とある。しかし、薄葬による被害は一時的な不幸に過ぎない。厚葬は墓泥棒に盗掘を教導するようなもので、結局は善くないことなのである】。

そもそも、天子という尊い身分にありながら、それでも盗掘を心配して薄葬という点に想い至ったのだから、ましてや庶民の場合は尚更ではなかろうか。後世の、墳墓を維持し守ってゆこうとする人たちは、この問題に遭遇したときは、このように思いを致すべきなのだ。【人の子孫としては、二・三か月ごとに祖先の墳墓にお参りすべきだ。それは祖先を忘れないというだけでなく、また他人による墳墓の侵犯を免れるためでもある】。

(応俊の続編)

（1）柳宗元『唐柳先生集』巻三〇「寄許京兆孟容書」。しかし、字句を見ると、この柳宗元の文集ではなく、『古今事文類聚』前集巻五八「芻牧不禁」に依拠したと思われる。『旧唐書』巻一六〇と『新唐書』巻一六八それぞれの柳宗元伝によると、柳宗元は順宗朝に権勢を誇った王叔文と韋執誼によって見出され、大用されるところであったが、短い順宗朝が終わって憲宗が帝位に即き、王・韋両人が失脚すると柳宗元も巻き込まれて永州司馬に左遷されたという。永州左遷は、南宋・文安礼『柳先生年譜』によると永貞元年（八〇五）のことであり、また、この書簡の文中に、「伏念得罪来五年」とあることからすると、この書簡は永州に左遷されてから五年を経過した元和四年（八〇九）頃に出されたものらしい。なお、永州から書簡を与えた許孟容については、『旧唐書』巻一五四と『新唐書』巻一六二に伝があり、彼が長安の人間で「文詞」で名を知られ、進士にも高位で及第したことが窺えるが、柳宗元との繫がりを直接に示すような言及はない。しかし、この書簡を考察した松本肇氏によると、許孟容は、柳宗元の父親の柳鎮と交際があった人物であり、その父親の友人でもあった許孟容からの手紙は左遷中の柳宗元にとって大きな励ましになったという（同氏著『柳宗元研究』創文社、二〇〇〇年、二九五頁）。

（2）『宋書』巻九一、郭原平伝、『南史』巻七三、郭原平伝。

（3）『河南程氏文集』巻一〇「葬説」。これは程頤が埋葬場所の選択にあたって挙げた注意すべき五点のうちの一つであるが、詳しくは『琴堂諭俗編』の「正喪服」の項にも取り上げられている。

（4）『礼記』巻四、曲礼下。

（5）「諫厚葬書」は、高祖の陵墓をめぐって太宗に向けて提出された上奏文であり、それは『旧唐書』巻七二、虞世南伝、『新唐書』巻一〇二、虞世南伝に引かれており、また『古今事文類聚』前集巻五〇にも「諫山稜厚葬書」と題して載っている。

（6）この話は『旧五代史』巻一一三、周太祖本紀、顕徳元年正月壬辰の条に載るが、字句と文脈からすると、『資治通鑑』巻二九一、顕徳元年正月戊子の条が典拠として相応しい。なお、『五代史記』は、この話を本紀や列伝には載せていない。ただ、巻四〇、温韜伝において、李茂貞や後梁の太祖に仕えた温韜が多くの唐の皇帝陵を盗掘したことを記し、それに続く「厚葬」を批判する論賛の中で、後周の太祖（郭威）が温韜の所行に照らして世宗に「薄葬」を遺命したことを紹介している。ここの郭威の話は、『古今事文類聚』前集巻五〇「紙斂瓦棺」にも紹介されている。

（7）『邵氏聞見録』は、普通は邵伯温の『邵氏聞見前録』を指すが、ここの引用文は邵伯温の子供の邵博の『邵氏聞見後録』巻二二に載る記事である。なお、この記事は、『古今事文類聚』前集巻五七「為盗所発」に本文とほとんど同じ字句で載っており、その典拠を『邵氏聞見録』としているので、応俊は原典を確認せずに引用した可能性がある。

（8）ここの引用文は「淮翟」に作るが、『邵氏聞見後録』に「陽翟」と作るに従う。また、本文の楊王孫の次にある「羸葬」の二字は『邵氏聞見後録』にはない。
（9）『漢書』巻六七、楊王孫伝に、「王孫報曰、蓋聞古之聖王、縁人情不忍其親、故為制礼、今則越之、吾是以嬴葬、将以矯世也」とある。楊王孫が薄葬を命じた話は、『古今事文類聚』巻五七「王孫嬴葬」にも紹介されており、その薄葬論の全文は、同書同巻に「嬴葬書」と題して載っている。

本業を大事に（「重本業」）

古の時代には、四民というものがあった。士・農・工・商がそれである。[1] 士は学業に勤《いそ》しめば、爵禄を獲得できた。農は田畑に勤しめば作物を収穫できた。工は技術に勤しめば、[2] それによって衣食に換えられた。商は取引に勤しめば、財貨を蓄積できた。この四者は全て民衆の本業であり、この世に民衆が誕生して以来、これらの職業の代わりとなりえるものは無かったのである。だから、この四者のうち一つでも出来れば、上を仰ぎ見ては父母を奉養できたし、下を俯いては妻子を養え、それで生涯を無事に終えられたのである。この四者のどれにも携われない者は、これを浮浪・遊手の民と言った。浮浪・遊手の民は、衣食を入手する根源ともいうべきものがないので、盗賊となるのでないならば、禁制品の販売に密かに手を染めたのである。そして、一旦、捕まると刑罰を科せられ、[3] 軽微なものでは鞭で肌身を叩かれ、大きな罪の場合は、配流あるいは絞殺や斬刑に処せられ、財産を亡くし、肉親とは離れればなれとなってしまった。しかし、こうした事態になって、四民それぞれの本業に勤しもうとしても、[4] どうしてそれが可能となろうか。

（鄭至道の原編）

（1）経典には「四民」の字句が多く見られる。たとえば、『書経』巻一八、周官に、「司空掌邦土、居四民、時地利」とあって、その疏文に、「冬官卿、主国空土、以居民士農工商四民」とあり、また『春秋左氏伝』巻三〇、襄公九年に、「商工皁隷不知遷業、四民不雑」とあって、その疏文に「正義曰、四民者、士農工商」とあるなどである。

（2）　ここは「工勤於技藝」となっているが、『嘉定赤城志』巻三七「風土門」に載る鄭至道の原編は、「工勤於技巧」に作る。

（3）　ここは「一旦身被拘執、陥於刑禁」となっているが、『嘉定赤城志』巻三七「風土門」に載る鄭至道の原編は、「一旦身被拘繫、陥於刑禁」に作る。

（4）　ここは「欲為四民之業、何可得也」となっているが、『嘉定赤城志』巻三七「風土門」に載る鄭至道の原編は、「欲為四民之業、而何可得也」に作る。

下巻

真心の大切さ（「崇忠信」）

人間が禽獣と異なるのは、人には人として踏みおこなうべき道、つまり人倫というものがあるからである。この人倫の中で、「忠信」という徳目より大事なものはない。「忠」であれば自分の心を欺かず、「信」であれば他人を欺かないのである。人として内に向かっては自分の心を欺かず、外に向かっては他人を欺かないでいられれば、人間として禽獣と異なるということができるのである。かりにも、そうしたことを実行できて止むことがなければ、この世では他人の誹《そし》りを受けず、あの世では鬼神の責め苦も受けず、天地が助けてくれるし、鬼神も福をもたらし、親族に信用され、郷党の尊敬を受けられよう。このことは生きていて、何と楽しいことではなかろうか。もし「忠」でもなく「信」でもなく、利己心を抱いて虚飾にまみれ、内に向かっては自分の心を欺き、外に向かっては他人を欺くということになれば、人倫道徳は全く失われてしまい、禽獣との距離もそれほど遠いものでなくなる。もし、このようであれば、この世ではお上の定めた刑罰で罰せられ、あの世では鬼神の咎《とが》めを受け、親族とはうまくやっていけず、郷党からは爪弾きにされるだろう。そこには、また何の利益があるといえようか。

夏・殷・周の三代の時期、人びとは人としての立派な行いがあって、つまらない人間や下賤な召使いや、更には婦女子であってさえ、皆が皆、忠信の道を実践することを知っていて、あえて自分と他人とを欺こうとはしなかった。しかし、このことはどうして古《いにしえ》の時代に限られようか。近い時代のこととして、次のような話が伝わっている。包孝粛公（包拯）が都（開封）の知事であったときのこと、ある民衆から訴えがあった。それによると、ある人が百両の銀を彼に預けたまま亡くなってしまった。そこで、その人の子供に銀を返還しようとしたところ受け取ってもらえなかったので、その子供を呼び出して、この銀を返却して欲しいというのである。〔訴えを聞いた〕包拯は件《くだん》の子供を呼びだしたが、その子は、「亡父は、これまで銀を人に預けたことなどありません」と返却の申し出を辞退した。そして、銀の返却をめぐって長いこと両人とも譲り合ったのであった。(2) また、かつて私（彭仲剛）が実際にみたことであるが、大旱魃に見舞われて、皆が皆、競って詐りを申し立てて税金の免除をお上に願い出たとき、一人の年老いた農夫だけが断固として偽りを申し立てなかった。その理由を訊いたところ、「老いぼれめの田地はたまたま日陰になっておりまして、日光が注いでも実際には作物に損害はありませんでしたので、皆さんと一緒になって偽りを申し立てますと、(3) お天道様を欺くことになります」と答えたのであった。また、一人の〔正直な〕年老いた胥吏をみたことがある。彼は、村人が訴訟沙汰になって州の役所に訴え出たとき、三万文で訴訟がうまくゆくように依頼された。(4) 後になって果たして裁判に勝ったのだが、その老胥吏は人に託して三万文を送り返してきて、「この事案は州知事様が御自分で判定したことであって、実際、私は一向に力を尽くしていません。どうしても自分の心は欺けないので、このお金は返します」と言伝てたという。その後になって、この老胥吏の子供が科挙に及第したのだが、人びとは、それは村人を欺かなかったことに対する善報だと考えた。また、浙西に一人の仲買人がいて、その子供が科挙に合格したが、それを祝う人に対して、当の仲買人は、「老いぼれの私は、幼いときから今日まで、仲買人として役所のお金を一文たりとも誤魔化したことはありませんので、これが〔子供の科挙及第という〕善報を得た理由なのでしょう。だから、将来、この子がお上から俸禄を受け取ることが出来るようになっても、全く心に恥ずるところはありません」と答えた。

このような数件の事例は、全て自分の心を欺かず他人も騙さないといえるものだ。だが、現在、訴訟沙汰をみていていつも感じることだが、どうかすると自分の詐欺行為を粉飾したり、手形を偽造したり、帳簿上の約束事を改竄したり、財産や商売を後ろ盾にして詐欺まがいのことをして利益を得ようとしたり、財産を過少に申告して賦役を回避しようとしたり、もともと言い争いが原因なのに殴られたと言い立てたり、本来は催促なのに追い剥ぎにあったと称したり、様ざまな情況と状態で、あれこれと虚偽がなされるが、それらは全て自分の心を欺き、他人をも騙すもので、何と大きな恥ずべきことではなかろうか。

（彭仲剛の続編）

（1）本文は「忠則不欺於心」となっているが、『嘉定赤城志』巻三七「風土門」所収の「臨海令彭仲剛続喩俗五篇」では「忠則不欺於君」に作る。

（2）この話は『呂氏童蒙訓』巻上、『小学』巻六「実明倫」に載っている（『包拯文集』［台湾・捷幼出版社、一九九三年］三二頁は、この話を『呂氏童蒙訓』から引用している）。本文の話はここで終わっているが、『呂氏童蒙訓』と『小学』では、その後に、「観此事而言無好人者、亦可以少愧矣、人皆可以為堯舜、蓋観於此而知之」という文章が続いていて、「このことは、世間一般の、いい人はいないという言い方に対する反論となる」という論評が付け加わっていることが分かる。また、この話は、『古今事文類聚』続集巻二五にも「寄金相譲」と題して紹介されているが、こちらは本文と字句を少し異にしながら、話が同じところで終わっている。

（3）本文は「若雷同挾詐」となっているが、『嘉定赤城志』巻三七「風土門」所収の「臨海令彭仲剛続喩俗五篇」では「若雷例挾詐」に作る。

（4）本文は「有郷人訴事於郡、嘱以三十千」となっているが、『嘉定赤城志』巻三七「風土門」所収の「臨海令彭仲剛続喩俗五篇」では「有隣人訴事於郡、属以三十千」に作る。

〔作者は違っていても〕諭俗文編集の意図は一緒だと言えよう。確かに、鄭〔至道〕殿〔の諭俗文〕は「孝悌」

の項目を最初に置き、彭〔仲剛〕殿は「忠信」の項目を最初に据えたのだが、それら孝悌や忠信はいずれも天から授かった貴重な道徳であって、二つの別々の道だと見なせないものである。というのも、世の中で、孝悌の心をもちながら忠信という徳目を備えていないという人はいないし、また、忠信の心を持ちながら孝悌の徳目を有しないという人はいないからである。思うに、家族において孝行を尽くせれば、国家に対して必ず忠節なのであって、「入りては孝、出ては弟、必ず謹《つつし》みて信（家庭では孝行、外では悌順、必ず慎んで誠実に実行する）」ということなのだ[1]。孔子は、「〔言葉に〕真心があり、〔行いが〕ねんごろであれば、野蛮な外国でさえ行われる」と仰り[2]、孟子は、「孝悌忠信の徳目は、堅固な甲冑や鋭利な武器で身をかためた強者をも打ちひしぐことが出来る」と仰られている[3]。人として天から授かった立派な道徳がありながら、それを尊重しないものは、皆、それを自分から捨て去っているのである。私は、この〔「崇忠信」〕篇において、とくに老農夫や老胥吏や老仲買人、それに無名の人たちの事柄を取り上げているのを見ると、それは社会の上層におりながら、忠節もでなく誠実でも無い人たちに恥ずかしい想いをさせようとすることに由来するのだと思うのである。つまり、あの、無名の人や農民・胥吏・仲買人でさえ、このように「忠信」という徳目を尊ぶのであるから、まして少しばかり名前が世間に知られ、農民でもなく胥吏でもなく仲買人でもないのに、「忠信」という徳目を実践できないのは、それは果たしてよいといえるのだろうかというのである。孔子は、「少連と大連は立派に服喪を行った。〔この二人は〕東方に住む夷狄の子供である」と仰ったが[4]、これは夷狄に生を受けながら儀礼をわきまえ、中国に住みながら礼に叶った行為を知らない人たちに警告を発しているのである[5]。彭殿が編纂されたのも、思うにこの意図からであろう。この「崇忠信」という箇所を見た者は自戒とすべきなのだ。

（応俊の続編）

（1）「入孝出弟、必謹而信」は、『論語』学而篇を踏まえている。ただ、『論語』学而篇には、「必」の字はない。
（2）『論語』衛霊公篇。ここの訳は、岩波文庫本、二一一頁に依拠している。
（3）『孟子』梁恵王章句上。ここの訳は、岩波文庫本『孟子』上冊、四七頁に依拠している。
（4）『礼記』巻四二、雑記下。
（5）「正喪服」の項の応俊補訂部分の註（2）でも指摘したが、ここの「言生於夷狄而知礼、所以警中国不知礼者也」は、無論、『礼記』巻四二、雑記下を受けた応俊の解釈であるけれども、引用した『礼記』雑記下の経文に付けられた「言生於夷狄而知礼也」という注釈文を踏まえたものでもある。

慎ましい生活を心掛けよ（「尚倹素」）

倹約は美徳であり、古人が大切にしてきたものである。〔夏の創始者の〕禹は聖人である。〔禹を見出した〕天子の舜は禹の美徳を賞賛して、「家庭生活において充分な節約に努めた」と述べた。(1) 天子は天下中の富を多く手にしながら、それでも倹約を価値ある徳目としているのだから、ましてや、民衆の場合は尚更ではなかろうか。だから、「倹約は恭《つつま》しさを示す徳目だ」と言われる。(2) また、「倹約が常に充足をもたらす」ともいう。人として倹約を尊重し、自分から節約を充分に心掛け、飲食の欲望を減らし、聞きたい見たいという嗜好を抑えるようにする。そして、無益な行いによって有益な事柄を損なわないようにし、虚飾に走って実益を失わないようにし、食べるものは、腹一杯になればそれでよくて、珍奇な食べ物である必要はなく、衣服は暖かければよくて、必ずしも華美でなくてよく、住まいは安住できればよくて、壮麗である必要はなく、吉凶時の賓客の接待には礼義を尽くせばよくて、贅沢である必要はないように心掛ける。このようであれば、自分一人の要求は満たされやすく、年間に必要とされる費用も供給できやすい。すると、借金をして利息を払い、頭を上げ下げして人様に願い事をするということも免れよう。また、物事を出来るだけ省いて過誤も少なければ、安楽無事に生活できようというものだ。だからこそ、金持ちが節倹に努めれば、富を長く持ち続けられようし、貧乏人が節倹に努力すれば、飢えや寒さに苦しめられることもなかろう。それは、何と素晴らしいことではなかろうか。

現在、世の中の人たちは、節倹が美徳だとは知らず、かえって節倹をせせら笑うのである。そして、しばしば現在の欲望の赴くままに身を委ねて、将来のことを心配などせず、いっときの見栄のために飾り立てて、後に降りかかってくる実害に対して目をつぶっているが、それらは、また愚かな考えだといえよう。そんなだからこそ、豊かな家は日や月単位で財産を失い、やがてお金に不足する事態となり、中産の家では、税金の未納や債務が積もり積もって、次第に貧困となってしまう。そうなると、利益だけに目ざとくなって道義を忘れ、ほんの少しの利益でもそれを求めて、むやみに手に入れようとし、競って土地や財産を自分のものにするのだ。いわば、勝手気儘に行動して、どんな悪いことでもしてしまうのである。[3] そうだとすると、農民・職人・商人の家でいうならば、朝方に多額のお金が手に入ったとすると、その日の夕方には必ず全部が手元から無くなってしまうようなものである。それは、博打や飲酒にお金を使って一時の快楽を得ようとするからなのだ。そして、ひとたびお金が続かなくなれば、たちどころに飢えや寒さに見舞われることになる。こうなると、人のものをかすめ取ったり、人を騙したり、果ては泥棒にまで成り下がって、自分の身は刑罰を受けることとなり、妻子は家を失って流浪することになる。その原因を辿ってみれば、全て慎ましい生活の大切さを知らなかったという過ちに行き着くのである。

（彭仲剛の続編）

（1）『尚書』巻四〈虞書〉「大禹謨」。

（2）『春秋左氏伝』巻一〇、荘公二四年春の条に、「倹徳之共也、侈悪之大也」とある。ただ「倹徳之共也」に対して、清・阮元の校勘記（十三経注疏所収）には、「案、宏明集引作倹者徳之恭」とあり、ここの訳は阮元の校勘記に従った。なお、阮元の引用する『弘（宏）明集』の記事は、同書巻一所載の後漢・牟融「理惑論」に載っており、そして、阮元が「弘」を「宏」に作るのは、むろん乾隆帝の諱である「弘暦」を避けたためである（陳垣『史諱挙例』参照）。

（3）「放辟邪侈、無所不為」は、『孟子』梁恵王章句上の、「苟無恆心、放辟邪侈、無不為已」を踏まえていよう。

司馬温公〔司馬光〕は、倹約を教え諭す文で次のように述べている。[1]「我が家は、もともと貧しい家柄であって、代々、清廉潔白を家の信条として受け継いできた。だから、私は華美なことを好まない性格で、幼いときから、目上の人から金銀で飾った華美な服を着せられると、その度ごとに恥ずかしさで顔を赤くして、それを取り去ったものだ。二十歳になって、科挙合格という栄誉を忝《かたじけ》なくし、政府主催の聞喜宴という合格の祝宴でも、[2]けっして冠に花を挿すことをしなかったが、同じく合格した仲間から、『皇帝陛下の賜ったものだから、それに背いたらいけないよ』と忠告されて始めて、一本の花を冠に挿したのであった。普段、衣服は寒さを防げればよく、食べ物はお腹を満たせれば良しとしたが、一方で、殊更のように垢じみたり破けた服や、古い服を身に付けて世間と違ったことをして名声を追い求めようとはせず、ただ単に自分の性分に素直に従うだけであった。一般に人は派手さを競って栄誉だとしているが、私は、ひたすら質素を素晴らしいことと考えた。人は皆、この私の頑固さを嘲笑ったが、私は少しもそれを気に病んだりせず、孔子様は、『尊大であるよりは、むしろ頑固の方がよい』と仰ったと答えたものだ。[3]また、〔孔子様は〕『つつましくしていて失敗するような人は、ほとんど無い』とも仰り、[4]また、『道に志ざす士人でいて粗衣粗食を恥じるようなものは、ともに語るにたりない』とも仰せられたのである。[5]古の人は倹約を美徳としたが、今の人は倹約を非難する。ああ、何という違いなのだろうか。

近頃の風俗習慣は、とりわけ分不相応の贅沢を行い、走り遣いをする下僕でさえ士人のような服装をし、農夫なのに絹糸で作った靴を履く。私の記憶では、天聖年間（一〇二三〜一〇三一）、亡父〔司馬池〕が群牧判官〔軍馬の飼育を扱う役所の、京朝官に相当する官職の人が就く職務〕であったときのこと、客がやって来れば必ず酒宴の持てなしをし、酒杯を三回から五回ほどやり取りしたが、多くても七回を過ぎることはなかった。お酒は町場の店から購入し、〔酒宴に出す〕果物も梨・栗・棗・柿だけで、酒の肴も乾し肉や塩辛、野菜の羹《あつもの》と決まっており、使用する器は磁器や漆塗りのものであった。しかし、当時の士大夫の家は、大体がそんな風で、それだからといって人から非難を受けることもなく、酒宴の会はちょくちょくあったが、礼義に叶って懇《ねんご》ろであり、食べ物は贅沢でなかったが、情感が豊かであった。それに対して、近頃の士大夫の家では、酒は宮中で供されるような上等な酒、果物や酒の肴も遠方からもたらされた珍奇なものであり、食べ物は多品種を揃え、それらを盛る皿もテーブルをはみ出さんばかりで、そうでもしなければ決して客を招こうとはしなくなった。しかも、酒宴の会は数か月おきに開催して、そのときになると招待状を発送するのである。そのようにしないと、人からは吝嗇家だと非難される始末なので、こうした俗世間のやり方に従わない人は本当に稀なのである。嗟乎《ああ》、風俗の退廃がここまできてしまったのである。だからこそ、高位に位する人たちは、これらの行為を禁止できないとしても、それに手を貸すようなことをどうしてできようか。

また、私は次のような逸話を聞いたことがある。昔、李文靖公（李沆）が宰相となったとき、〔開封北側の〕封邱門の内側に邸宅を建てたが、玄関の前は狭くて、かろうじて馬の向きを変えられる程度であった。ある人がそこは狭すぎると言ったところ、公は笑いながら、『邸宅は子孫に継承されるものであって、宰相としてのこの玄関は確かに狭いが、太祝（従九品の寄禄官）〔の官位をもつ息子〕の家の玄関としては極めて広い』と答えた(6)。参知政事の魯公（魯宗道）が、かつて諫官であったときのこと、真宗は使いを出して急ぎ彼を召しだしたが、使いは彼を飲み屋で見つけだした。魯公が宮中に到着し、どこから来たかを真宗から訊ねられると、正直に答えた。すると、真宗は、『卿は清望官（清廉潔白で人望ある人が就く六品以上の官職）という立派な役職に就いていながら、どうして酒を店に行って買ったりしているのだ』と詰問すると、魯公は、『臣の家は貧しくて、客がやって来ても、家には客に出す器や皿、果物や肴さえもありません。

だから、飲み屋で杯を挙げるしかないのです』と答えた。真宗は、隠し立てをしない魯公のこの態度によって、ますます魯公を重んじるようになった。(7) 張文節公〔張知白〕は〔仁宗朝のとき〕宰相となっても、河陽〔河南省孟県〕〔節度〕掌書記〔品階をもたない選人クラスの階官〕だった若い頃と同じく質素な暮らしぶりであった。それを見かねて知人が、『現在、貴公の受け取っている俸禄は少なくないのに、このような暮らしぶりを守っておられる。それは貴公の清廉潔白さに対する信念の現れであろうが、余所さまから見れば、前漢武帝時期の公孫弘が三公になっても倹約を守って粗末な布団を着ていると謗られたと同じ非難を受けますぞ。少しは皆と同じようになされては如何か』と忠告すると、公は嘆息しながら、『私の現在の俸禄からすると、家族の全てが立派な衣服を着て美味しい食事をしても、どうしてそれが出来ないと心配する必要があろうか。ただ、人間の情として、慎ましい生活から贅沢な暮らしになるのは簡単だが、逆に贅沢から質素にするのは難しいものだ。現在の私の俸禄は、どうしていつまでも有り、また私の身体もいつまでも有るといえようか。一旦、現在と異なった境遇になったとき、家族が長らく贅沢に慣れてしまった状態では、急に倹約しようとしても無理で、必ず身の置き所も失ってしまうだろう。それならば、今のような位にあってもそうでなくとも、自分が生きていても死んでも、同じようにするのがよいのではなかろうか』と辯明した。(8)

嗚呼《ああ》、本当に賢い人の深く将来を見通した考えに、どうして凡人は及びもつこうか。〔春秋時代、魯の大夫の〕御孫《ママ》は、『倹約は共通の徳目であり〔「倹は徳の共にするものなり」〕、奢侈は悪の大なるものである』と述べている。(9) ここに述べる『共にする』とは『同じくする』ということであり、徳を備えるとは、それは全て倹約に由来するということを言っているのである。そもそも、倹約であれば、欲望も少ないはずだ。立派な人物〔「君子」〕であって、欲望が少なければ、物に使われるということもなく、真っ直ぐな道を進んで行ける。一方、つまらない人間〔「小人」〕であっても、欲望が少なければ、身を守り節約をすることによって犯罪から遠ざかり家も豊かになれるのだ。だから、『倹約は共通の徳目だ』というのである。〔それに対して〕、奢侈であれば、多くを欲しがるのだ。立派な人物であっても欲が深ければ、富と地位に貪欲になり、人としての道から遠ざかり、禍も急速に訪れる。他方、つまらぬ人間が欲を深くすれば、不必要に多くを求めて家を破滅させ自分の身さえも亡ぼしてしまう。こうしてゆくと、官僚となって必ず賄賂を追求し、郷里に居れば必ず他人のものを盗むようになるのだ。だからこそ、『奢侈は悪の大なるものだ』というのである。

昔、〔孔子の先祖の〕正考父は〔宋の戴・武・宣の三公を補佐し、上卿となっても態度は慎ましく、鼎の銘文に、この鼎で〕お粥や重湯を作って自分の口に餬《のり》すべし〔と記したが、その慎ましさを知った魯の大夫の〕孟僖子は正考父の子孫に必ず世に顕れる人材が出ることを知った〔そして、自分の子供を正考父の子孫である孔子に弟子入りさせるように遺言した〕[10]。〔春秋時代の魯の大夫の〕季文子は、〔宣公・成公・襄公〕三代の宰相であったが、愛妾には絹を着させず、馬に穀物を食べさせなかった〔節倹ぶり〕から、君子は彼を誠実な人〔「忠」〕だと考えた[11]。〔春秋時代の斉の宰相の〕管仲は、〔大夫の身分でありながら、天子でなければできぬ〕黍稷《しょしょく》（もちきび・うるちきび）を盛る祭器に彫刻した飾りを施し冠の紐を赤くし、建物の柱頭を枡形に刻ませて梁の上に藻を描いた短い柱をつけるという僭越の行いをしたので、孔子は管仲を器量が小さいと蔑《さげす》んだ[12]。〔春秋時代の衛の〕公叔文子（公叔発）が衛の霊公を饗応しようとしたところ、その話を公叔発から聞いた〔大夫の〕史鰌《しゅう》は、禍が公叔発の息子の公叔戌《じゅ》に及ぶだろうと感じ取ったが、果たして公叔戌は富裕のために〔霊公に憎まれて〕罪を着せられ衛を出て〔魯に〕亡命した[13]。〔西晋の武帝時代に丞相となった〕何曾は、日々の食事に万銭を費やす〔ほどの贅沢を尽くしたが〕、子孫は分を過ぎた驕りによって身代を失った[14]。〔西晋の〕石崇は自分の贅沢を人に誇示するところがあって、結局はこのことが原因で洛陽の東市で処刑された(15)。近世では、〔北宋真宗朝の宰相の〕寇萊公（寇準）の豪奢ぶりが当時群を抜いていたが、〔澶淵の盟を締結したなどの〕功績が大きかったので、その贅沢ぶりを非難する人もなかった。しかし、子孫はその家風に馴染んでいたために、現在は多くが貧窮に喘《あえ》いでいる(16)。

この他、慎ましい暮らしによって名を立てながら、贅沢によって自滅していった人は多くあり、いちいち数え上げられない。そこで些か数人の例を挙げてお前に教え諭そうとしたのである。お前は、自分からこの教えに従うだけでなく、お前の子孫にも教え諭し、先人の風俗・習慣を知っておかせるようにせよ」と。（応俊の続編）

(1) 『温国文正司馬公文集』巻六九（『伝家集』は巻六七）「訓倹示康」。この文章は、表題にあるように、子供の司馬康に倹約の大切さを説いたものである。なお、本文の文章は、最初の「吾本寒家」から最後の「使知前輩之風俗云」までの全文が、この「訓倹示康」を引用している。ところで、この文章の全文は、『古今事文類聚』別集巻一八に、「訓倹文」と題して載っており、本文の題目がこれと同じことからすると、本文は『古今事文類聚』に依拠したものと考えられる。また、司馬光が語った自身の幼少時の話や、父親司馬池の郡牧判官時期の話は、『小学』巻六「実敬身」にも見える。

(2) 「聞喜宴」については、『宋史』巻一五五「選挙志」に記述があるが、詳しくは、『宋史選挙志訳注』（一）（東洋文庫、一九九二年）三六頁を参照。なお、司馬光の科挙及第は、本文に示されているように二十歳のときであったが、それは仁宗の宝元元年（一〇三八）に当たる（清・顧棟高『司馬温公年譜』参照）。ここに載る司馬光の倹約ぶりを示す言辞は、『小学』巻六「実敬事」にも引く。

(3) 『論語』述而篇。ここの訳は、岩波文庫本、一〇五頁に依拠。

(4) 『論語』里仁篇。ここの訳は、岩波文庫本、五九頁に依拠。

(5) 『論語』里仁篇。ここの訳は、岩波文庫本、五五頁に依拠。

(6) この話は『宋史』巻二八二、李沆伝に載っているが、『五朝名臣言行録』巻二「李沆」に示す典拠に司馬光の「訓倹示康」を挙げており、それから判断すると、どうも『宋史』の本伝も、この司馬光の「訓倹示康」が典拠らしい。李沆は、真宗朝に宰相となっており、当時、「聖相」と呼ばれた（王瑞来「『聖相』李沆――君臣関係のケース・スタディー（一）――」同氏著『宋代の皇帝権力と士大夫政治』汲古書院、二〇〇一年所収）。ちなみに、本文中に出てくる「太祝」と「奉礼（郎）」は文脈からして、李沆の子供と考えられるが、具体的には誰を指すのかは不明。ただ、李沆の男の子供は前妻の張氏との間に一人、後妻の朱氏との間に四人（三人は夭折）がいたことが判明している（楊億『武夷新集』巻一〇「文靖李公墓誌銘」）。なお、文中に「公笑曰、第当伝子孫」は、「訓倹示康」では、「公笑曰、居第当伝子孫」に作る。

（7）欧陽脩『帰田録』巻一（『欧陽文忠公文集』所収）。この逸話は、『宋史』巻二八六、魯宗道伝にも載っている。なお、『宋史』本伝によると、魯宗道が参知政事となったのは、真宗が崩御して仁宗が即位し、章献太后（真宗の皇后の劉氏）が垂簾聴政を行っていたときである。

（8）『古今事文類聚』別集巻一八「貴亦尚倹」、『小学』巻六「実敬身」。なお、この項目の典拠として、『古今事文類聚』は『聞見録』を挙げているが、管見の限り、現行本の邵伯温『邵氏聞見録』や邵博『邵氏聞見後録』にも、この記事は見あたらない。ちなみに、『宋史』巻三一〇、張知白伝によると、彼は仁宗朝の宰相であり、高官となっても貧乏士大夫と同様の倹約生活をしていたという。文中の「公孫布被之譏」の故事は、『史記』巻一一二、平津侯列伝に載っている。宋代の官僚の俸禄と生活ぶりについては、青山定雄「北宋を中心とする士大夫の起家と生活倫理」（『東洋学報』五七―一・二、一九七六年）や葉燁『北宋文人的経済生活』（江西出版集団・百花洲文芸出版社、二〇〇八年）「第二章　北宋文官的収入状況」「第三章　北宋文官的開支状況」が北宋を中心として論じており、また、衣川強「宋代の俸給について――文臣官僚を中心として――」（『東方学報　京都』四一、一九七〇年）、同「官僚と俸給――宋代の俸給について続考――」（『東方学報　京都』四二、一九七一年）は、俸給問題を中心として、こうした情況を両宋にわたって取り上げている（いずれも同氏著『宋代官僚社会史研究』（汲古書院、二〇〇六年）第六章「官僚の俸給――制度と生活――」と改題されて所収）。

（9）『春秋左氏伝』巻一〇、荘公二四年春の条。ただ、『左伝』は「御孫」を「禦孫」に作る。なお、彭仲剛の続編の註（2）にも示したように、「倹徳之共也」は、『春秋左氏伝』の阮元の校勘記によるかぎり、「倹徳之恭也」の意味で解釈しなければならぬが、本文にあるように、司馬光は「共」を「同じにする」の意味で捉えており、ここの部分の解釈は文章の流れからして司馬光に従った。

（10）『春秋左氏伝』巻四四、昭公七年九月の条。なお、この部分の解釈は、小倉芳彦氏訳による岩波文庫本、下冊、一〇七・一〇八頁を参考としている。

（11）『春秋左氏伝』巻二八、成公十六年九月の条。『春秋左氏伝』の文章は、「季孫於魯相二君」とあって、その中に「二君宣成」とあるが、これは無論、襄公は成公の後の君主であり、この条は成公十六年に載っているからである。なお、この部分の解釈は、小倉芳彦氏訳による岩波文庫本、中冊、一一六頁を参考としている。

(12) この字句は、『礼記』巻二三「礼器」と巻四三「雑記」の両篇に載るが、解釈は多くの字句を費やしている礼器篇に拠った。

(13) 公叔発の話を聞いた史鰌が、禍が公叔戌にまで及ぶことを感じ取ったまでが、『春秋左氏伝』巻五六、定公十三年十二月辛未の条に載っており、その結果としての公叔戌が罪を得て亡命するまでは定公十四年春の条に記されている。なお、この部分の解釈は、小倉芳彦氏訳による岩波文庫本、下冊、三七七・三七九頁を参考としている。

(14) 『晋書』巻三三、何曾伝。なお、同書同巻の何遵伝は、何曾の子供の列伝だが、何曾の孫の羨について、「羨為離狐令、既驕且吝、陵駕人物、郷閭疾之如讐、永嘉之末、何氏滅亡無遺焉」とあり、驕傲の末に何氏が没落したことを記している。

(15) 『晋書』巻三三、石崇伝。本伝にも石崇の贅沢ぶりが記されているが、『世説新語』巻六(第三〇)「汰侈」は、大半が石崇の奢侈を取り上げている。なお、贅沢という視角から中国の歴史的特色を明快に論じた宮崎市定氏の名論文「中国における奢侈の変遷――羨不足論――」(初出、一九四〇年、『宮崎市定全集』巻一七、岩波書店、一九九三年、岩波文庫『中国文明論集』一九九五年などに所収)にも、飯を蝋燭で炊いた石崇の話が中国中世の贅沢の例証として挙げられている。

(16) 寇準の豪奢ぶりは、欧陽脩『帰田録』巻一(『宋史』巻二八一、寇準伝に載る逸話は、この『帰田録』が基となっていると思われる)などに載っている(丁伝靖『宋人軼事彙編』巻五「寇準」を参照)。なお、高晦叟『珍席放談』巻上に、夏竦と客人の対話が載っていて、それに「寇公性尚華侈、夏英公亦然、夏嘗語門下客曰、莱公自奉豪侈、而世弗非之者、至某則云云者多、何也」とあって、寇準の贅沢ぶりが世人によく知られていたことを窺える。

怒りまかせの争いはやめよ（「戒忿争」）

いっときの怒りにかられると、吾を忘れた上に近親まで巻き添えにしてしまい[1]、些細なことによる争いごとは家を破滅させ生業を駄目にしてしまうものだ。だから、怒りに任せた争いごとは慎まなければならない。そもそも、怒りに任せた争いごとが起こるとき、始まりは極めて軽微なものであっても、〔結果として〕災いは甚大なものとなる。いわゆる「ちょろちょろした水の流れも止めずに放っておくと、長江や黄河のような大河となり、微細なものでも絶え間なく繋げ続けていくと、網の目状に成長してゆく[2]」というものである。人として最初にじっと我慢して怒りを抑えることが出来れば、何事も無くて済んでしまう。怒りはその性質上、火のようなもので、それが発した当初は、それを鎮めることはいとも簡単だが、すでに盛んな炎となってしまうと、山や野原を焼き尽くしてしまい、鎮圧出来なくなってしまうのである。何と恐るべきことではなかろうか。俗語に「我慢できるならしばらく我慢しろ。慎重に振る舞えるならしばらく慎重にしろ。我慢できなくなり慎重に対処できなくなると、小事も大事になってしまう」とある。

試みに、現在の人たちが怒りに任せて争い訴訟沙汰にまで至り、身を亡ぼすだけでなく近親にまで災いが及ぶのを目にするとき、そもそも、争いの発端がそれほど大事なことであったのであろうか。要するに、人に一寸触れられたり殴りかかられると、必ずといっていいほど憤ってしまい、人から侵奪されると必ず争いを起こすのである[3]。我慢しきれなくなって人を罵れば、人からも罵られる。人を殴れば人も殴り返す。人を訴えれば人も自分を訴える。互いに恨み、敵同士となって、相手に勝とうとすることだけに一生懸命になってしまい、その気持ちが高まってしまうと、それを抑える術がなくなってしまう。これは自分の身を亡ぼすだけでなく災いが近親にまで及び、家を破滅させ生業を駄目にしてしまう所以なのである。[4] だから怒りを感じ始めたときは怒りを我慢し、そうして、少し時間が経つと心はすっきりしてくることに越したことはない。[5] また、争いを起こそうとするとき、しばらく我慢し、本当に自分の利害が侵害されているならば、おもむろに相手に対して礼儀正しく問題点を問いただし、[6] 相手が従わないときになって、お上に訴え出るならばそれは許されることなのである。もし、お上の方で当方の主張があまりに峻厳すぎると見ているならば、委曲を尽くして隣近所の好誼を崩さないように努めるべきである。こうすれば、財産を傷つけないし精神を疲れさせないし、心身も安定し、人も信頼してくれる。これこそが人の世の安寧を保つ方法といえよう。こうしたやり方は、怒りに任せて他人と競い合い、精神と財産を費やし、お白洲に出、胥吏の顔色を窺い、牢屋に入れられ、生業を駄目にし、果ては身を亡ぼし災いを近親にまで及ぼし、財産を失ってしまうことに比較すれば、何と優れていることといえまいか。[7]

（彭仲剛の続編）

（1）この一文は、『論語』顔淵篇の「一朝之忿、忘其身以及其親、非惑与」を踏まえていると考えられる。
（2）『説苑』巻一〇「敬慎」に、「熒熒不滅、炎炎奈何、涓涓不壅、将成江河、綿綿不絶、将成網羅」とある。
（3）『嘉定赤城志』巻三七「風土門」では、「被人少有所侵陵」を「被人少有所侵凌」に作る。
（4）『嘉定赤城志』巻三七「風土門」では、「性既熾」ではなく「勝心既熾」に作る。
（5）『嘉定赤城志』巻三七「風土門」では、「破家蕩業之所由也」ではなく、「破家蕩業之由也」に作る。
（6）『嘉定赤城志』巻三七「風土門」では、「徐以礼貌問之」を「徐以理懇問之」に作る。
（7）『嘉定赤城志』巻三七「風土門」は、「不亦優乎」を「不亦遠乎」に作る。

人の心に怒りがあれば、必ず争いごとがある。争いごとがあれば、必ず損なうことがある。怒り争えばその身を損なう。怒って訴訟沙汰を起こせば、その財産を損なってしまう。これこそが、君子は『易経』の「損」卦に鑑みて怒りを抑えるということなのだ。(1)

昔、唐朝〔の則天武后時期〕に婁師徳という人物がいたが、〔任地に赴く〕弟を戒めて、「私は、お前が人と競いあうことをとても危惧している」と言うと、弟は「人が私に唾を吐きかけたら、自分でそれを拭い去りましょう」と答えた。すると、師徳は、「一体全体、人がお前に唾を吐きかけるのは、怒りによるのだ。それなのに、顔面にかかった唾を拭えば、その人の気持ちを逆撫《さかな》ですることになる。どうして自然と唾が乾くのを待たないのか」と忠告した。(2) また、ある人が呂滎公《けい》【希哲、字は原明】に、「小人に罵られたり辱めを受けたりしたときは、どのように対処すればよいのでしょうか」と尋ねると、呂公は「自分より目上の人の場合は、他人も自分も根本では一緒なのだと認識しておれば、〔自分も他人も同じなのだから〕一体、誰が罵り、誰が辱めるというのだろうか。自然と怒りの気持ちなどは無くなってしまうはずだ。自分より目下の場合は、しばらく『私はどんな人間で彼はどんな人間なのだと』と考えてみる。そして、この考え方を相手に対しても伝えれば、自分と彼とは区別なく同等となる。このような心持ちでおれば、怒りの気持ちは自ずと消え去ってしまうのだ」と答えた。(3) 人間として、このお二人の言っているようにすれば、争いごとなどは無くなるのである。〔竹林の七賢の一人の〕西晋の劉伶がかつて酔っぱらって一般庶民とにらみ合いになった。相手が腕まくりして拳を振り上げてやって来ると、伶は「私のような詰まらない人間に貴方様の拳はもったいない」と言ったので、相手は笑いだして殴るのをやめた。(4) このことは、怒りの気持ちを消し去り、人と争わないというべきものだろう。五代前蜀で礼部尚書にまでなった楊玢《ひん》が致仕をして長安の旧居に帰ってみると、自宅の土地の多くが隣近所によって勝手に占拠されていた。

息子たちは、この問題を京兆府に訴えでようとした。すると、楊玢は息子たちに宛てた手紙の最後に、「隣近所が我が土地を侵したというなら、その侵したとおりに従おうではないか。要するに、まだ土地を持っていなかったときを思い起こしてみるべきなのだ。試しに、〔唐朝の〕長安の宮殿である含元殿【殿名】跡の基壇に登って周りを見回せば、秋風が吹き草が茂っているだけではないか」と記した。それを見た息子たちは、もうそれ以上は何も言わなかった[5]。これは、怒りの気持ちを消し去り、人と訴訟沙汰をして争わないということである。

【魏子は次のように述べる。「自分が正しく相手が間違っているとき、間違っている相手と争うべきではない。相手が正しく自分が間違っているとき、正しい相手と争うべきではない[6]】。

〔これらと反対の事例が二つある〕。かの二人の女は、桑の木をめぐって争いごとを起こしたが、その結果、自分の住む集落さえ失ってしまった。

【戦国時代のこと、楚の辺境の脾梁という集落の娘と、呉の辺境の集落に住む娘とが境界線上にある桑の木をめぐって争いごとを起こした。娘同士の争いは二つの家の争いとなって互いに相手を攻め、呉側が負けてしまったが、ついには辺境の集落同士が攻め合うことに発展し、楚側が呉側の辺境の集落を攻め滅ぼした。すると、呉は怒って楚を討伐し、〔鐘離と居巣という〕二つの集落を奪い取って軍隊を引き上げた。このことは、後漢の趙曄の『呉越春秋』にみえる[7]】。

兄弟が田畑をめぐって訴訟沙汰を起こし、兄弟としての好誼を失ってしまった。

【北斉時代のこと、清河（河北省清河県）の乙普明という農民の兄弟は、何年にもわたって絶え間なく田畑をめぐって争っていた。太守の蘇瓊《けい》は二人に対して、「天下で手に入れがたいものは兄弟であり、求めて手に入れやすいのは田地であるが、かりに田地を入手できても兄弟の気持ちが離れてしまっては何もならない」と諭した。それを聞いた普明兄弟は地面に頭を打ち付けて太守に謝り、その上、気持ちを改めることを願い出た。かくして十年も離れて暮らしていた兄弟は再び生活を共にするようになった[8]】。

こうしたことは、皆、怒りの気持ちがそうさせたのである。まして、喧《かまびす》しく騒ぐ連中や悪党どもが怒りを焚き付け唆《そそのか》した場合は、尚更に大変な事態になってしまうのだ。そして、訴訟沙汰が身を破滅させ、その災いが近親まで及び、家や財産を無くしてしまうまでに至らないと、どうしても終わらないということになる。

【何耕が〔潼川府路の〕提点刑獄使であったときの「諭俗詩」には次のようにある。[9]「『一時の怒りに任せて拳を振り上げ、目の前にお役人を呼び寄せると、牢獄に繋がれ枷《かせ》をはめられ処罰を受けることになってしまう上に、更には無駄な出費をどれほど強いられるであろうか』。『相手が私の所の土地を侵害するのは確かに良くないが、何もそのことをめぐって相手と争って争いを助長してはならず、相手には少しばかりの土地は譲って、どちらが強いか弱いかなどということを自慢するのを止めなさい』。『訴状を書き、人に唆かされてお上に訴え出ると、役所に入るときは簡単だが、出るのは難しいものだ。訴訟は人を平穏な状態から引っぱり出し家産を破滅させるが、あの唆した人間は側に居ながら冷ややかにながめている』。『人を傷つけ自分を利することはあれこれあるけれども、第一番は訴訟するように唆すことである。第二は互いを競い合わせて疲れさせて双方とも家業を転覆させることであるが、そうしている中にも間を取り持って唆した者は、もう別の用件でお上に訴え出ている』」】。

言い伝えに、鷸《いつ》（しぎ）と蚌《ほう》（どぶ貝）が争って互いに譲らないでいると漁師の利益になるというのがある。【『春秋後語』[10]に、〔蘇秦の弟の〕蘇代が次のように言っているとある。「私が小川を通りかかったとき[11]、一つの光景を見た。小さなどぶ貝が水面上に身を曝すと、しぎが貝の肉をついばむ一方で、どぶ貝は貝の蓋を閉じてしぎの嘴《くちばし》を挟みつけた。しぎは、『今日雨が降らず明日も雨が降らないと、きっと乾し肉となった貝を見られるだろう』と言った。貝も、『私が今日も水面に出ず、明日も出ないと、きっとしぎの死ぬのを見るだろう』とやり返した。そうやってしぎも貝も互いに譲らないでいると、漁師が両方を捕まえてしまった[12]」】。

諺に、「人と大声で言い争うことにならなければ、家を建てることを話し合うようになろう」とある。言い争って訴訟にまで至った人は、かえって次のようにどうして考えないのだろうか。「私の争いを煽り立てる人は、きっと煽り立てる理由があるのだろうし、私に訴訟を唆す人は、きっとそこに何らかの意図があるのだろう。どうして私は、そのような計画にはまってしまえようか」と。考えがこうしたところに及んだならば、言い争って訴訟沙汰を起こす気持ちは自然と無くなってしまう。そしてたとえやむを得ずして争いになり、争いから訴訟沙汰になってしまったとしても、正しさがどこにあるかを追求するのは良いけれども、勝つことだけを求めてはいけないのである。淳祐（一二四一～一二五二）初年のこと、吏部尚書の江万里（号は古心）は吉州の知事となったが、彼が知事として布告した勧農文に次のようにある。[13]「村里においては友人や親戚の間でも時として訴訟沙汰がある。場合によっては兄弟という骨肉でさえも、自分からこれは間違い、あれは正しいと訴訟を起こすことがある。こうした事態は、たとえ事柄の本質が明解にされたとしても、正しい方が完全に勝利するわけでも、間違った者が徹底的に負けになるという訳ではない。それよりも、人びとにとって、どちらの言い分にも多少の余裕を持たせるような配慮をして、親戚は前のように親戚付き合いができるようにさせ、友人や村里の人たちももとどおりの関係を保てるようにし、兄弟も以前と同様の兄弟の付き合いが出来るようにさせれば、それはそれで真心が籠もって手厚いといえるのである。大体において、お上の手厚い心遣いとはこういったものなのである。だが、その気持ちを理解できない連中は、往々にして〔裁定に不満を持って〕県から州へ、州から提点刑獄司などというように上部の官庁に訴え出て訴訟が止まず、[14]訴訟に勝利することだけを追い求めて、かえって自分から悲惨な結果を招いてしまうのである。こうした状況は村里に人の手本となって皆を統率できる人材が存在せず、礼儀が消滅し、社会の風気が廃れてしまって、ここまでになったのである。どうして近隣の州県の優れた風習を見ないのだろうか」と。

渝川の呉寺丞の家には代々、(15)人の手本とすべき規範が受け継がれていて、村人たちはそれに則って盛んに礼儀正しい状況を作り出していた。ここ十数年来、時として揉め事があると、村人は、お上に訴えずに呉寺丞の孫の吟峰先生【諱は燮《しょう》、字は和卿】に訴え出るのであった。吟峰先生は公正な心で物事の道理に従い、誰もが是とし非とすることに従って判断を下したので人びとを充分に心服させていた。村人も輿論を恐れて先生の家が見える所までやってくると引き返す者まで出現した。そして互いに次のように言った。「自分たちで譲りあうように議論したとしても、吟峰先生には〔揉め事があったことを〕耳に入れないようにせねばならない」と。〔この様子に〕人びとは、後漢時代の王烈の気風があると述べたのであった。(16)

かつて『宜豊図志』を調べたところ、(17)それに新昌県の先人にもこうした気風があったことが見える。たとえば、無為居士の蔡中奉【字は伯恭】は義方書院を創建し、同郷の人びとを教えていたが、(18)訴え事がある人はお上に訴え出ずに、蔡居士のところで裁決してもらっており、当時の風俗は、まだかなり醇朴であることが想像でき、訴訟沙汰があったとしても、現在よりはましであった。嗚呼《ああ》、〔蔡〕は既に死去してしまっており、亡くなったものを生き返らせることは出来ない。〔そうした状況の中で〕老練な人がいなくても、(19)まだ模範とすべき規範が伝わっているのだから、このことは、この地域の士大夫の賢者と士人の人徳者とが風俗を教化できることを示している。加えて、風俗を教化できなくとも、地域社会の間において、それら優れた人たちの人徳に感化されることになれば、善良な人は争い事に使用していた剣を売り払って牛に換え、訴訟を唆していた者は、その使用していた筆を訴訟のためでなく孝行者を伝えるために使用することになるだろう。かくして、南康・廬陵・宜春の〔江西の〕三郡と同様に訴訟沙汰が多いと世間から悪く言われなくなり【諺に、瑞・袁・虔・吉の各州では人びとは頭に筆を挿すとある(20)】、更には北宋の元祐年間（一〇八ここにいう虔とは贛《かん》州のことであり、吉《ママ》は南康郡のことである六～一〇九三）に当地の知事であった柳平らが訴訟の少なさを記念して、くつろぎの場所として「江西道院」という建物を造って、当地の父老のために訴訟沙汰が多い土地柄という汚名を晴らしてやった意図にも合致するといえようし[21]、それがまた宜春県の知事たる私〔応〕俊の望みでもあるのだ。

【知枢密院となった雷孝友（謚号は文簡）の高祖の新（字は鼎臣）は学徳に優れた人物で、郷里では慈悲居士と呼ばれていた。祖父の就（字は有道）はしばしば筠《いん》州の州学で首席の成績を収めた。父親の孚（字は保信）は、太学の上舎生から進士に及第し、官僚としては清廉で、人柄は温厚で義に厚い人であった。高祖の新は雷孝友に対する天子の恩恵によって太子太保という官位を死後に贈られ、同じく就は太子太傅を、孚は太子太師をそれぞれ死後に贈られた。『宜豊図志』を見ると、唐代咸通中（八六〇～八七四）の人物である雷同から雷孚に至るまで十一世代にわたって[22]、当地の人は揉め事はお上に訴え出ずに雷氏一族に裁いてもらっていた。雷孝友と同時代の人たちは、彼の出世は、こうした先祖以来の善行の積もり積もった結果であると見なしていた。雷文簡公は宜豊の人であり、附録としてここに記し、県内で訴訟沙汰に奔走している人たちの勧戒としたい。（応俊の続編）】。

（1）『易経』の「損」の卦の「象」に、「山下有沢損、君子以懲忿窒欲」とある。
（2）『新唐書』巻一〇八、婁師徳伝。ただ、本文の引用文と字句に多少の食い違いがあり、字句からすると、『古今事文類聚』別集巻一六「唾面自乾」の記事に依拠したのかも知れない。なお、『旧唐書』巻九三の婁師徳伝には、この話は載っていない。
（3）呂本中『童蒙訓』巻中。なお、『宋史』巻三三六、呂希哲伝には、この話は載っていない。
（4）『晋書』巻四九、劉伶伝。
（5）この話は、洪邁『容斎五筆』巻七「盛衰不可常」に載っているが、文脈と字句からすると、『古今事文類聚』続集巻七「鄰家占地」の記事に依拠したと考えられる。なお、楊玢は呉任臣『十国春秋』巻四一に簡単な事迹を見出せるが、ここの話は記されていない。
（6）唐・馬総『意林』巻五「魏子十巻」に、「諺曰」とあって、本文と全く同じ字句の文章が載せてある。つまり、本文の引用文は「魏子」が直接に語った内容というよりも、「魏子」が活躍した時代の里諺を紹介したものだと理解できる。ただ、「魏子」の氏名や活躍時代は不明。

（7）『呉越春秋』巻三。なお、この話は、『史記』巻三一「呉太伯世家」及び同書巻六六、伍子胥伝にも見え、南宋・潘自牧『記纂淵海』巻一五（四庫全書本は巻五七）「因小失大」にも『呉越春秋』を引いて紹介している。

（8）『北斉書』巻四六、蘇瓊伝、『北史』巻八六、蘇瓊伝。この話は、『小学』巻六「実明倫」、『古今事文類聚』後集巻八「論勿争財」にも載る。

（9）周必大の手になる墓誌銘（『周文忠集』巻三五「朝請大夫知潼川府何君耕墓誌銘」）やそれを基にしたと思われる『宋史翼』巻二一「何耕」伝によると、何耕は、潼川府路提点刑獄公事のとき、四十二篇の「論民詩」を作成し、それは平易な言葉遣いで教化の意図をもっていたという。ただ、管見の限り、この二つやその他の史料には「論民詩」の具体的な内容は見あたらない。

（10）以下の話は『戦国策』巻二九「燕策」にも載っているが、ここでは後代の晋の孔衍『春秋後語』を引いている。なお、現在、『春秋後語』は残簡しか残っておらず、叢書集成や漢魏遺書鈔などでみられる。また、ここの話は、『古今事文類聚』後集巻三五「鷸蚌相持」にも『戦国策』を引いて紹介している。

（11）『春秋後語』は「易水」に作るが、『琴堂諭俗編』の本文は「小水」となっている。本文の訳文は『琴堂諭俗編』に従う。

（12）原文は「与人不足噴」だが、「噴」は「歌う」という意味で文脈が通じない。「噴」は「争う」という意味をもつ「嘖」であろう。

（13）江万里（一一九八～一二七四）については、『宋史』巻四一八の本伝は、理宗朝に権吏部尚書となったことを記すが、正確な時期の記載は無い。ただ、尹波「江万里年譜」（原載『宋代文化史研究』四、四川大学出版社、一九九四年、『宋人年譜叢刊』第一一冊、四川大学出版社、二〇〇三年所収）によると、景定元年（一二六〇）十一月に吏部尚書となったとある。『琴堂諭俗編』に対する応俊の序文の日付は景定二年秋となっていて、応俊が文章を作成した時期に江万里は確かに吏部尚書の地位にいた。なお、『宋史』の本伝に江万里の勧農文のことは全く触れられていないが、同じく尹波「江万里年譜」によると、嘉熙四年（一二四〇）に知吉州となり、翌、淳祐元年に「勧農文」ではなく「勧農詩」一篇を作成していると判明する。しかし、「江万里年譜」に載る「勧農詩」と本文に載る「勧農文」とは内容が異なる。ちなみに、南宋時期に盛行した地方官の手になる「勧農文」では、一般的に、訴訟沙汰は農業経営を阻害する要因として強く戒められていた（宮澤知之「南宋勧農論――農民支配のイデオロギー――」中国史研究会編『中国史像の再構成――国家と農民――』文理閣、一九八三年）。

（14）原文は「自州而臺部」であるが、梅原郁訳註『名公書判清明集』（同朋舎、一九八六年、一四七頁）の註（1）には「臺」とは府より上級の官庁を指すとあり、同じく清明集研究会編『名公書判清明集訳註稿（懲悪門）』（一）（一九九一年、上智大学文学部史学科　大澤正昭研究室発行）の三七頁の注(1)にも「臺」は路の官司を指すとあるので、訴訟沙汰を問題にしているこの箇所においては、「臺」は中央の御史台ではなく提点刑獄司を意味すると思われる。

(15) 渝川という地名は不明だが、この後に続く幾つかの話は、全て応俊が知事をしていた江西新昌県近辺の地域を舞台としているので、この地域を流れる渝川に因む地名の県名だと考えられる。しかも、「孝父母」の応俊の続編の註(2)でも紹介したように、『雍正江西通志』巻一四によると、新昌県の属する筠州の南隣の臨江軍の新喩県は、近くを流れる渝川に因む県名だとあり、新喩が渝川だと思われる。ただ、その手がかりとなる呉寺丞とその孫の呉夔についての事跡が不明であり、確証を得られていない。なお、呉寺丞の「寺丞」は将作監丞・光禄寺丞・衛尉寺丞などの従八品の寄禄官を示す（梅原郁『宋代官僚制度研究』同朋舎、一九八五年、四一頁参照）。

(16)『後漢書』列伝巻七一「王烈」伝に、「王烈字彦方、太原人也、少師事陳寔、以義行称、郷里有盗牛者、主得之、盗請罪曰、刑戮是甘、乞不使王彦方知也、（中略）諸有争訟曲直、将質之於烈、或至塗而反、或望廬而還、其以徳感人若此」とある。

(17) 宜豊は応俊が『琴堂諭俗編』の序文を書いた時点で知県であった新昌県のことだが、歴代の新昌県の地方志の序文をみても、『宜豊図志』という書名は見あたらない。ただ、『同治新昌県志』巻三三「旧序」を見ると、宋・熊良輔の「新昌図経序」（序の最後に宝慶丙戌〔二年、一二二六年〕の日付がある）が載っていて、年代の近さから、この『新昌図経』を指すのかも知れない。

(18)『康熙新昌県志』巻一〈輿地〉「書院」に義方書院の名があり、その夾注に、「在県東走馬岡、宋処士蔡譓建、今廃」とある。同様の記事は、『同治新昌県志』巻五〈祀典志一〉「学校・書院附」にも見える。蔡中奉の「中奉」は従五品の寄禄官を示す官位であろうが、蔡譓は本文にもあるように処士なので、子孫の誰かが官位に就いたことによる贈官の可能性が高い。

(19) 原文の「雖無老成、尚有典刑」は、『詩経』巻一八—一〈大雅〉蕩に、「雖無老成人、尚有典刑」とあるのを踏まえていると思われる。

(20)「虔即贛州、吉南康郡」の文章は、前段の「諺云、瑞・袁・虔・吉、頭上挿筆」における「瑞・袁・虔・吉」という地名の、時代による地名変更を説明していると考えられる。したがって、前半の「虔即贛州」はともかく、後半の「吉南康郡」という記述は、吉州と南康郡とは宋代において異なる行政地区であるので、このままでは誤りであり、ここの文章は、「瑞筠州（瑞は筠州なり）」となるべきものであろう。

(21) 柳平が筠州の知事として赴任して、当地が訴訟沙汰が少ないことを記念して「江西道院」という建物を造り、汚名の返上に努力した様子は、黄庭堅『豫象黄先生文集』巻一「江西道院賦」（『黄庭堅全集』四川大学出版社、二〇〇一年版は巻一二）に詳しく載っている。なお、『正徳瑞州府志』巻五「秩官志」によると、柳平は元祐七年（一〇九二）に筠州の知事として赴任している。彼の当地での事迹はこのことを含めて、簡単には、『正徳瑞州府志』巻七「名宦」に載っている。江西の訴訟沙汰（「健訟」）の多さについては、古くは宮崎市定「宋元時代の法制と裁判機構」（『東方学報　京都』二四、一九五四年、『宮崎市定全集』十一、岩波書店、一九九二年所収）の指摘があるが、近年、青木敦氏は経済的・社会的背景も含めて体系的に論じている（「健訟の地域的イメージ――11～13世紀江西社会の法文化と人口移動をめぐって――」『社会経済史学』六五－三、一九九九年）。また、小川快之『伝統中国の法と秩序――地域社会の視点から――』（汲古書院、二〇〇九年）も宋代江西地域の訴訟問題を精力的に取り上げている。

(22)　ここでは十一世と記すが、『康熙新昌県志』巻四〈人物志〉「義士」の雷衡伝によると、衡の八世の孫が雷孚となっていて（『同治新昌県志』巻一九〈人物志〉「義士」も同じ）、本文の記事と雷衡と雷孚の間の世代が異なる。なお、雷衡と雷孚に関しては、『康熙新昌県志』巻四〈人物志〉「先哲」にも簡単な伝が載っている（『同治新昌県志』は巻一六〈人物志〉「名臣」に雷孚が、巻一九〈人物志〉「義士」に雷衡が載っている）。

家庭と財産に注意せよ（「謹戸田」）

普通の家でお上に呼び立てされたり拘束されたりして、心安らかに生活できなくなる原因は、大抵、家庭内のいざこざや田地をめぐる争いによるのであり、こうしたことは最も気を付けねばならないのである。

大体において、税金は早く納め、期限に遅れないようにするべきであり、お上からの労役の割り当てに合理性があるならば黙って承り、みだりにお上を糾問して役所とやり合うべきではなかろう。もっとも慎重を要するのは、未成年の家と未亡人の家から、二重取り、勝手な徴収といったことが行われて困った情況にならないように気を配ってやるべき点である。また、お金や財物を取りすぎた場合や、土地取引をめぐる仲介者と土地取引税に関しては、事案ごとにしっかりと台帳に記入し、さらに近隣から事案の状況を聴取しておく。土地取引の場合、期限どおりに土地取引税を納入した証明書を役所に示したときには、直ちに土地取引を完成させてやるべきである。税金徴収を請け負ったとき、請負人が被徴収者に貸借関係があるからといって、税金を割り引いてはならない。また、土地の取引に当たっては嘘の値段を言って近隣を騙してはいけないし、土地名義を偽ったり所有地を隠したりして賦役を免れてもいけないし、土地の境界線を広げて他人の土地を奪ってもいけない。

ところで、税金徴収を請け負ったならば、規定数どおり請け負うべきであって、少ない額の請負で済ませるべきではない。それに、まだ請け負っていないならば、徴収したお金は被徴収者に返してやり、代納させるべきではない。

土地が質入れされて、その土地を後で売りに出す場合、限度額一杯のお金を支払ってやるべきで、もし元の所有者が買い戻したいというならば、その買い戻しを許してやるべきだ。

土地をめぐって争ったとき、こちらに落ち度があって訴えられたら、その土地は返してやりなさい。もし、こちら側に理が無くて訴えられたときは、その土地は返し、こちら側に理が有るのに争うことになったならば、その争い事をお上に報告すべきだ。

〔持ち主の了解を経ていない土地に〕無理に植え付けたり、その土地の作物を刈り取ったりはすべきではない。そうしたことを無理に行えば、必ず争い事が起き、殺傷事件が起こり、きっと刑罰に処せられるであろう。

財産分与にあたっては、穏やかに処理すべきで、自分よりは親族に手厚く分与してやり、自分は損しても肉親の利益になるようにしてやるべきで、揉め事を起こして州県の役所に訴え出るようなことをすべきではない。そんなことをすれば、家の財産を洗いざらい役所の胥吏に差し出してしまう結果となる。

以上に挙げた数点のことに気を付けて一生懸命に努力し、小利を貪るようなことをしなければ、大きな災いを考えなくてもよくなり、目の前のことばかりに気を取られなければ、後々のことに憂鬱にならずに済むし、空元気を出して争うことをしなければ、本当の災いが降りかかることを心配せずに済む。このようであれば、お上の呼び立てが家までやってくることはないし、刑罰が身に及ぶこともなく、家では無駄な出費をして財産を浪費することもなく、他人から争い事による怨みを買うこともない。何と楽しいことではないだろうか。

（彭仲剛の続編）

隠れた善行を積むこと（「積陰徳」[1]）

人が心身を安らかに保ち、一家を構えて子孫をしっかりと育てられるようにするには、その人のもつ智力を頼りとするだけではいけないのだ。〔そこには〕必ず隠れた善行の積み重ね（「陰徳」）があって、その結果として天地による助けや、鬼神による恵みもたらされるのであって、そうして初めて自身の身体は健康で、家は栄え、子孫は幸運に恵まれるのである[2]。だから、かりにも自分の智力だけを頼みとして、人として正しくない行為を多くすれば、天地の助けも受けられず、鬼神の恵みも受けられないことになり、その結果、災いを受けて失敗し破滅しないものはないのである。もし、災いが当人に降りかからなくとも、子孫には必ず顕現するのである。だから陰徳は積まないではいられないのである。

それでは一体全体、いわゆる「陰徳」とは何であろうか。善行が望ましいということを知って一生懸命に実行し、善くないことはやるべきでないと知ってそれを実行せず求めもしない。また、見返りがないということを知ったとしても、陰日向で別行動をするような心をもたない。それこそが陰徳というのである。陰徳を実行できる人は、自分の智恵を嵩に着て智恵の劣る人を騙さないし、勇気のあることを振り回して臆病な人間を辱めたりはしない。強者でありながらも自分の力を過信して弱者を虐げもせず、人数の多いことに頼って少数者を損なうようなことはしない。また、お腹一杯に食べたいという欲望から生き物の命を損なったりせず、自分に利益があるからといって他人を損なうようなことはしないのである。全て、心に負い目を感じたり生き物に害を与える事柄は、どれも我慢して行わないのである。また、人様にとって便宜があり、多くの人びとに利益があることは、全て楽しんで行うのである。そして人様の便宜には尽力しても、逆に人様の便宜を取り除くような行為はすべきでないのだ。かりにも、これらが実行できれば、どうして、天地が助けてくれるだけでなく、鬼神も恵みを与えてくれないということがあろうか。

近い時代に見られた次のような幾つかの事柄は、皆、善い報いを受けた事例である。或る者は、普通の値段で穀物を供出して飢餓民を救済しようとし、或る者は有り余る財産を基に土地を購入して土地を失った人に深い憐れみをかけ、或る者は土地を入手すると直ちに税金を支払い、土地の架空の名義借りをして税金を誤魔化すようにはしなかった。或る者は土地を購入しても元の持ち主の買い戻しに応じてやって、他人の先祖伝来の土地を奪おうとはしなかったのだ。或る者は一族や郷里の人びとの間を取り持って、彼らの気に入るよう最大限の努力をしたし、或る者は独り者の男（「鰥夫」）や未亡人（「寡婦」）、それに寄る辺のない幼児がいれば、適切に救済してやり、他人が悪いことをすれば、丁寧に教え諭し(3)、他人の難儀を聞けばあれこれと救いの手を差し伸べたものである。また、橋や道路を修繕して旅人の便宜を図り、水路に堰や土盛りをして農地に便利なようにした事例もある。薬を配って病人を救ってやり(4)、お粥の炊き出しをして飢餓民に食べさせることもあった。まだ配偶者のない男女を哀れに思っては結婚できるようにしてやったり、旅で亡くなって葬儀の行えない人があれば、舟で遺体を送ってやる手配をした者もいた。道路に捨て子があれば、それを成長するまで養育してやり、落とし物が道路に見つかれば、その旨を表示して落とし主の取りに来るのを待つというのもあった。このような類例をこれで充分に挙げ尽くしたというわけではない。だが、そうした行為によって自分の身は長寿を獲得し、家は栄え、子孫は繁栄するといったことがしばしば見られるのだ。隠れた善行（「陰徳」）の結果がどうして偽りだといえようか。

（1）表題の「積陰徳」は、『嘉定赤城志』巻三七「風土門」所収の彭仲剛「続喩俗五篇」では「修陰徳」に作る。張文氏は、宋代における慈善行為は、仏教の因果応報観念と中国古来からの陰徳思想とが結び付いた一種の宗教意識によって促進された側面があるという重要な指摘をしていて、例証として『嘉定赤城志』巻三七「風土門」から、この「修陰徳」を引いている（『宋朝民間慈善活動研究』西南大学出版社、二〇〇五年、二八二頁）。ただし、これに関する同氏の同頁の脚注をみると、「修陰徳」が、彭仲剛「続喩俗五篇」の一部としてではなく、独立した文章として存在するかのような書き方になっている。

（2）この「其身康強、其家昌盛、其子孫逢吉」という部分は、『書経』巻一二、洪範の「身其康彊、子孫其逢吉」を踏まえていよう。

（3）本文は「委曲勧誨」となっているが、『嘉定赤城志』巻三七「風土門」は「委曲勧訓」に作る。

（4）本文は「散薬食」となっているが、『嘉定赤城志』巻三七「風土門」は、「散薬石」に作る。

「善行を積みかさねた家では、その福慶の余沢が必ず子孫に及ぶし、不善を積みかさねた家では、その災禍がひいては必ず子孫に及ぶ」[1]。この言葉は、『易経』の爻《こう》辞（各卦につけられた説明）である。『易経』には六十四の卦があって、一般的に、卦の説明には「必ず」ということは言わないが、ただ「坤」の「文言」の部分だけは、善行を積み重ねれば福慶があり、不善を積み重ねれば災いがあることを論じて、二つの「必ず」の字を使用して断定している。それは、その効果が必ず対応しているからなのである。

そもそも、〔孔子のような〕聖人が善行を積むことに言及するとき、他の卦ではなくて、坤の卦だけでしたのは、坤は〔陽ではなく〕陰に属し、善の大本は坤にあって陰徳であると考えられるからなのだ。陰徳を積んだ人には必ず福慶があり、陰徳を積まなかった人には必ず災いがあるのである。思うに、人は一つや二つの善行を積んだからといって、直ちに善報があるとは限らない【『〔春秋〕左氏伝』に、「天が不善の者を助けるのは、福を与えるためではなく、その凶悪さを増大させてから罰を降ろすためなのである」とある(2)】。しかしながら、今日、一つの善行を行い、翌日も善行を一つ重ねて、このようにして善行をたゆみ無く積み重ねてゆくと、人様から敬われ神様も助太刀してくれて、福慶は必ず訪れるものなのだ。逆に、今日、一つの不善を行い、翌日も不善を一つ重ねて、そうしたことをたゆみ無く積み重ねてゆくと、他人からの怨みと神様の怒りとを買って、災いが必ずやってくるものなのである。だから、聖人は『易経』の「繫辞伝」で、もう一度繰り返して「善行も積みかさねて行かなければ名声をかちとるには至らぬし、悪事も積みかさねなければ身を滅ぼすには至らない」と述べている(3)。つまり、名声を得ることが福慶なのであり、身を滅ぼすことが災いなのである。しかし、こうしたことは、ただ自分一身だけに止まるだろうか。『易経』の、いわゆる「餘」という言葉は、災いや福慶が、更には子孫にまで及ぶことを言っているのである。

前漢時代、于《う》公は県の獄吏であったが、あるとき、「私は裁判にあたって多くの陰徳を施し、今まで無実の人を罪に陥れたことはなかった。こうしたことによって、子孫には必ず出世する者がでるであろう」と言った。子供の于定国のときになって、〔宣帝の〕丞相に出世した(4)。また、〔漢王朝の創建に功労のあった〕陳平は曲逆侯に任命されるほど出世したが、あるとき「私は陰謀を多く用いた。これは道家によって禁止される行為であって、私の代で家が滅んでしまうならば、災いはそこで終わるだろう」と語った。曾孫の陳何のときになって陳平の血筋は絶えてしまった(5)。そもそも、于公は陰徳が多くて善行を積んでいたので、彼自身は県の官吏にすぎなかったが、子孫は丞相にまで至ったのだ。とすれば、善行による福慶が子孫にまで及んだことは実に必然であったといえよう。他方、陳平は陰謀が多く不善を積み重ねたことによって、自分自身は将相という高い地位にあったが、子孫の代になって血筋は絶えてしまった。とすれば、不善による災いが子孫に及んでしまったことは必然であったといえよう。こうしてみてくると、善行や不善な行いは、ひとえにそれらがどれほど積み重なったかという点にあるだけなのだ。しかも、福慶や災いが子孫に顕現してくることからすると、人として、どうして善行ではなく不善を積み重ねつづけられようか。とはいえ、聖人は『易経』の益卦の象で、また次のように述べている。「風と雷のあるのが益である。風雷相い助け相い益すこの卦象に則って、君子は善を見れば遷ってこれに従い、過ちがあればこれを改める」と(6)。そして同じ益卦の彖《たん》辞にも、また「慶び有り」とあると言っている(7)。そうだとすれば、善行を積むと必然的に福慶があるけれども、善行を行うように心を入れ替え行動に移していっても福慶があるのだ。つまり、不善を積み重ねてきた家でも、過ちを悔い改めて改心して善に向かえば禍が福に転化できるのだ。

たとえば、近い時代、信州(江西省上饒市)の周才美の家ではこんなことがあった。その家の息子が娶った嫁は、賢く徳があって物事の処理が巧みであったので、才美は嫁に家業を分担させることにして、升や量りなどを預けた。升や量りはそれぞれ二種類があって、出納にあたって使用する大小の升や長さの異なる竿ばかりの名称をいちいち教え諭した。だが、嫁は話を聞くと不快になり、舅と姑にお暇請いを申し出て、この家の嫁となることを願い下げにしたいと言い出した。嫁によると、将来、子供を産んで家を滅ぼすことになると、その責任を私が産んだ子供のせいにさせられ、罪を無理に背負わされてしまうというのである。その言い分を聞いた才美は驚いて、「私の家はたいした田畑は無く、ただ夏と冬に祖先を祭る費用が賄えるだけなのに、どうして急に出て行くなんて言うのか」と問い詰めると、嫁は、「お父様の日頃のなされようは天道に背いており、私は心に恥ずかしいと思っており、不安で居ても立ってもいられません」と答えた。すると、才美は、「お前の言うことはもっともだ。升や量りは全て破棄しよう」と言うと、嫁は、「それでもまだ駄目です。それらの升や量りはどのくらいの年月使用されたのでしょうか」と尋ねる。それに対して、才美は、「二十年くらいかのう」と答えた。そうすると、嫁は、「きっと私をここに留めて孝養を尽くさせようとするならば、小さい升で納入させ、大きい升で貸し出させて下さい。また、小さく短い竿ばかりで買い入れ、大きくて長い竿ばかりで売り出させて下さい。そうして、これまでの間違ったやり方を埋め合わせて下さい。もし本当にそのように出来るならば、私はここに留まりたいのです」と申し出た。才美は嫁の話にこれまでの過ちを悟り、喜んで許しを与えたのであった。その後、嫁は二人の息子を産んだが、二人とも若くして科挙に及第した。[8]嗟夫《ああ》、才美は何と優れた人だろうか。自分から過ちを悔い改め、しかも優れた子孫に恵まれるという善報を獲得したのである。言い伝えによると、「いったい過ちのない人がいるだろうか。過ちを犯しても改められれば、これほど素晴らしいことはない」とあるが、[9]才美の場合はまさにこれが有ったのだ。そこで、ここに併せて載せて世俗に対する勧戒にしようと考えたのである。

【附録。〔南宋の寧宗朝に〕礼部尚書となった倪《げい》思の「勧積陰徳文（陰徳を積むを勧むる文）」に次のようにある。[10]
「そもそも土を積み上げれば山となり、水が積み重なれば池となるが、人間における陰徳もそのようなものである。〔前漢時代の〕于公が県の獄吏として裁判を行って冤罪を生まなかったので、その子孫は出世した。〔春秋時代の楚の〕孫叔敖《ごう》は、幼いときに遊びに出て出会った双頭の蛇を殺して土に埋め、災いを事前に取り除いたことによって、〔成人してから楚の令尹となるという〕その身は出世を遂げ[11]、善行が報われるという道理が素早い形で影響を現した。そもそも、いわゆる陰徳は富貴な者、力有る者だけが為し得るというのではなく、普通の人が全て為し得るのである。世の中に喜んで施与を行う人がいて、たとえば棺桶を用意できない人にそれを施したり、井戸に石積みを行ったり、橋や道路を修繕したりする。こうした行為は、固より一途な善意から行うのだが、その及ぼす作用は明瞭で、人の耳目に残るのであるから、これらは陽徳というべきものなのだ。〔それに対して〕ただひたすら、善良な心を広く推し及ぼして、その場に相応しいやり方に努めるというやり方がある。〔たとえば、〕他人の善行を妨げず、他人の悪行を成就させず、他人の過ちをあげつらわない。人が窮乏して困っていればそれを救ってやり、人が困難に直面していればそれを救ってやる。人が敵同士のような関係になっていれば、仲直りさせてやる。升や量りを大きくして〔貸した相手から多くを取って〕利益を増やそうとはせず、わざと落とし穴を作って物を落としめるようなことはしない。要するに、自分の力量に従って実行するのだ。『自分の耳が鳴るように、ただ自分だけが知って、他人は知らないということ、これこそがいわゆる陰徳なのである』とは隋代の李士謙の言葉である[12]。今日はこれをやり、明日もこれをやる。今年はこれを行い、来年もこれを行う。いわゆる〔陰徳〕を積むとは、このようなことに過ぎないのである。どうしてとても高邁で実行しがたいことがあろうか。しかしながら、世の中で、こうした境地に到達できる人は少ない。それは基本的な心構えを知らないからである。かりにも、基本的心構えを何よりも優先すれば、その場に相応しいやり方も開けるだろう。そして、真っ正直な道をひたすら辿って、報恩を求めず功績も求めなければ、天からの報恩はあるものだ。本人は長寿を得られ、家は栄え子孫は興隆し、その輝かしさは言葉に言い表せないほどなのだ。仏教には次のような言葉がある。『善行を修めて悟りに至る良い因縁を人と結べば、その身は何度でも生まれ変わり、富貴は代々にわたって富み栄える』と[13]。また、『幸福な状況は、あの世と同じ状態を作り出すことであり、自分の家と同じ志を持つ者とが一緒に、そうした状態を作ろうと努力することはいいことだ』とも言っている[14]。また、『〔風水上〕良い墓地を得ることは、良い心根をもつことにはかなわないし、〔風水上〕良い住居といっても、すばらしい性根をもつことにはかなわない[15]。心根と見識がよければ、子孫は代々に栄える。心根と性根が悪ければ、子孫は代々にわたって禍を受ける』とも語っている[16]。あなた達は、数限りないほど富貴の家から飢えに苦しむ人間が輩出したことや、多くの一般庶民の家から官僚を出したのを見たことがあるだろう。それらは、どうして風水によってそうなったといえようか。思うに、祖先の行いの短所・長所の結果なのである。〔確かに〕風水は社会にとって無いではいられないけれども、それも陰徳と相俟って、互いが助け合わねばならないものだ。もし、陰徳が無いのに風水に頼ろうとすれば、この世に郭璞《はく》が再び生まれ出てきたとしても、それはどうしようもないのである」。〔応俊の続編〕】。

（1）『易経』の「坤」卦の「文言」。ここの訳は、岩波文庫本『易経』上、一〇六頁に依拠した。
（2）『春秋左氏伝』巻四五、昭公十一年四月の条。ここの訳は、小倉芳彦氏の訳による岩波文庫本、三〇頁に依拠した。
（3）『易経』繋辞伝下。ここの訳は、前掲の岩波文庫本、下冊の二六九頁に拠った。
（4）『漢書』巻七一「雋疏于薛平彭伝」。ただ、本文の文脈からすると、応俊は『古今事文類聚』別集巻三二「于公高門」に依拠したように思える。なお、『漢書』の当該伝では、于定国の父親は于公とあるのみで、諱や字は記されていない。
（5）『史記』巻五六「陳丞相世家」。同じ記事は、ここの『史記』の記述を踏襲した『漢書』巻四〇「張陳王周伝」にも見える。また、『古今事文類聚』別集巻三二には、李徳裕「陰徳論」を載せて、陳平の言辞と曾孫陳何の代に血筋が絶えたことを紹介している。
（6）ここの訳は基本的に岩波文庫本『易経』下、七四・七五頁に拠った。
（7）『易経』益卦に、「彖曰、益、損上益下、民説无疆、自上下下、其道大光、利有攸往、中正有慶」とある。
（8）この話は、清・郝懿行『宝訓』を引く『雍正江西通志』巻一六一に見える。当然、この話の元は『琴堂諭俗編』の成立した南宋以前に遡るはずだが、管見の限り、見出し得ない。
（9）『春秋左氏伝』巻二一、宣公二年夏（月は記されていない）の条。趙盾と士季（士会）の会話が交わされているが、ここは士季の言葉として載っている。
（10）管見の限り、魏了翁「倪公墓誌銘」（『鶴山大全集』巻八五所収）にも、『宋史』巻三九八、倪思伝にも見あたらず典拠は不明。
（11）賈誼『新書』巻六「春秋」の項に載っているが、この話は『新書』を引用する形で、『太平広記』巻一一七「孫叔敖」や『蒙求集註』巻上「柳下直道・叔敖陰徳」の項などにも見える。
（12）この言葉は、『隋書』巻七七と『北史』巻三三、それぞれの李士謙伝に載り、また『古今事文類聚』別集巻三二「陰徳独知」にも紹介されている。
（13）管見の限り、引用文にぴったり当てはまる仏典の典拠は見出せなかったが、善行が幸福をもたらすことは、たとえば、『弘明集』巻三に引く慧遠「三報論」や『広弘明集』巻一四に引く李師政「内徳論」、『法苑珠林』巻八七「受報篇」などにある。また、『大正大蔵経』電子版を検索すると、『円覚経Ⓐ解』巻二に、「善因終値善縁」などの語句がみられる。
（14）管見の限り、引用文にぴったり当てはまる仏典の典拠は見出せなかったが、『大正大蔵経』電子版を検索すると、『円覚経心鏡』巻三に、「作福相似、来生我家」という表現が見える。

（15）ここの文章は、「仏氏有言……」とあって、次に「又曰……」「又曰」と続く文脈上にあるので、仏典にある言葉のようにみえるが、周密『癸辛雑識』別集上「倪氏窖蔵」に、倪思が隣家によって境界線を侵奪されたときに語った言葉として記録されており、あるいは倪思の言説を応俊が仏典に有る言葉と考えたのかも知れない。なお、「風水人間不可無」以下の文章は、上巻「正服喪」にも引用されている（上巻三三葉）。

（16）管見の限り、引用文にぴったり当てはまる仏典の典拠は見出せなかったが、『大正大蔵経』電子版を検索すると、『禅宗頌古聯珠通集』巻九に、「子子孫孫代代昌」という表現が見出せる。

（補）この項の訳註に当っては、東海大学外国語センター（清水校舎）の恩田裕正氏の御教示を受けた。

友達は選ばなければならない（「択朋友」）

【考察するに、この一条は〔元代の〕左祥が補筆したものであり、どの行も一字を下げて書き、前の各項と区別する(1)】。

愚考するに、友人とは仁徳の成長を手助けしてくれるものなのである。だから、上は天子から下は庶民に至るまで、友人の助けによって、その仁徳が育成されるのだ。ところが、人びとは「朋友」というものが人間道徳〔である五倫の〕最後に来ていることは知っていても、何よりも優先すべきものだということは知らないでいる(2)。そもそも、君臣・父子・夫婦・長幼には、それぞれの関係を規定する「義」（道義）、「親」（親愛）、「別」（区別）、「序」（順序）という道徳があるけれども、この朋友関係と一緒にして講究するのでなければ、そうした人倫道徳を充分に発揮できる人は少なくなるのである。だからこそ、古《いにしえ》の聖人や賢人は道徳を修め教説を世に示そうとしたとき、必ず、この友人関係の道徳を重視し、決して軽視したりはしなかったのだ。

世の中の風教が衰退してから、君臣・父子・夫婦・長幼それぞれに関わる道徳が見るも無惨な有り様になったのは、他にどのような理由があるといえようか。思うに、朋友関係の道徳が不全状態となって、互いに助け合って人格を作り上げてゆくことがなくなったからなのだ。その上、人間というものは、この世に誕生したときは蒙昧なのであり、成長するに従って、それに応じた先生や友人がいなければ、愚昧な人間になってしまうのだ。道理を解明し、人としての生きる道筋を指し示してくれるのは先生の役割である。そして、他方、少しずつ人格を錬磨し、人を善導し、一緒に学問を窮めて人倫の道を解明し、道徳性を成就させるのは、朋友の力なのである。だから、もとより学ぶために就く先生を選ばないわけにはいかないが、誰と友人になるかは、もっとも注意して選ばないわけにはいかないのである。

【文中子（隋の王通の私諡）は、「君子は、最初に友人となるべき人を選んでから交友関係をもつ。だからこそ、間違いも少ないのだ」(3)と主張し、韓子（唐の韓愈）は、「心に道徳を抱き、人としての正しい在り方を守り抜き、立派な人材でなければ交友関係を結ばない」(4)と述べた。〔後漢の〕趙典は道徳的な人でなければ交際しなかったし、(5)〔唐代の〕陸亀蒙は俗物とは交際しなかった。(6)〔後漢の〕邴原《へい》は〔師友を求めて〕汝南郡（河南省汝南県北東）にやってくると、当地では范孟博とだけ交わりを結んだ。(7)〔後漢の〕李膺《よう》は〔郷里の〕潁川郡（河南省禹県）に住居を構えて、ただ、陳仲弓（諱は寔《しょく》、仲弓は字）だけを友人とした。(8)これらの数人は、皆、誰と交際すべきかを知っているといえよう】。

孔子は、「正直な人を友だちにし、誠心の人を友だちにし、物知りを友だちにするのは有益だ。体裁ぶったのを友だちにし、うわべだけのへつらいものを友だちにし、口だけたっしゃなものを友だちにするのは害だ」と仰せられているが、(9)これは、まさしく人にとって交際はなぜ選ばなければならないかを教えたものである。それなのに、後世、交友に際して、正直・誠心で物知りな人は、かえって疎んぜられ、反対に体裁ぶって上辺だけのへつらい、口だけ達者な人が、かえって親しまれるのは、この聖人としての孔子の言葉を侮辱するに近いといえるのではなかろうか。

唐〔太宗朝〕の宰相の王珪は、若い頃、房玄齢や杜如晦と仲がよかった。母親の李氏は、「お前はきっと偉くなるよ。でも、どんな人と友だちなのかをまだ知らないから、試しに家に連れてきなさい」と語っていた。あるとき、偶然に房玄齢らが家を訪れると、〔様子を窺っていた〕母親は彼らの立派さにとても驚いて、酒食を出してもてなした。[10]〔北〕宋時代、後に枢密学士になる張奎と、その弟で後に客省使となる張亢兄弟の母親の宋氏は、自らこの二人の子供たちに読書の手ほどきをしたのだった。二人のところに客が来ると、窓の隙間から聞き耳を立てて、客が息子たちと学問や政治の話をしていると、喜んで客のために酒の肴や御馳走を用意したのだが、無駄話や戯れ言を話す客だと、そうした酒食のもてなしはしなかった。[11]思うに、気質や習慣の善し悪しが、人を最も変化させるのであるから、気質と習慣の向かう先が少しでも違えば、その結果はとても大きくなってしまう。どうして慎まないでいられようか。〔王珪と張奎兄弟の〕二人の母親は婦人でありながら、この道理を知っていた。まして、男であって人の父や兄となっているものは、こうした道理を知らないでいられようか。

　とはいえ、次のように言う人もいるかも知れない。つまり、人は生まれつきの資質は異なっている。だから、資質が〔生まれつき〕優れている人は、たとえ悪い連中と一緒に居ても、自然と何が善なのかを知っており、決して悪いことをしないものだ。逆に、もし資質が〔生まれつき〕悪ければ、いくら善い人が側に居たとしても、どうにもならないのである、と。しかし、この言い分は、人間の生まれつきの性質は似かよっているが、習慣や教養で遠く隔たってしまうということを全く知らない意見なのだ。[12]もし彼が素晴らしい天稟をもっていたとしても、善なる状態を自然のままに維持し続け、俗世間によって持って生まれた天稟を変化させられない人は、一体どのくらいいるだろうか。それに対して、天稟が一段階も下でありながら、かりに有益な友人を求め、その友人と切磋琢磨したとすれば、資質が少し優れた人は、善なる状態に進んでゆかされるだろうし、資質が悪い人であっても友人に感化されて善行を行わせるようにできるであろう。『孔子家語《こうしけご》』に、「善なる人と一緒に居ると、芳香を放つ草のある部屋に入ったときのように、悪いことをする人と一緒に居ると、臭い塩漬けの魚の店にいるように、それぞれ暫くすると感化されてしまう」とあるが、[13]この指摘はどうして中味の無い偽りの言葉だといえようか。これは友人との交際は人を選ばなければならないということなのである。

しかしながら、私の見方からすると、友人の本当の意味が失われたのは、学問する人たちが、そうさせたということもあるのである。古《いにしえ》の学問に携わる人たちが、常日頃から講究してきたのは、人間道徳や人として行って当たり前の日常の準則とか、もっともな道理といったもので、その成果が善いものであれば互いに励まし合い、間違っていたら互いに直すようにしたのである。それに対して、今の学問をする人たちは、ひたすら華美な事柄を重んじ、寄り集まると詩文の技量を比べてその長短を競いあい、互いに相手を貶して、ついには仲違いをするようになるのである。そうすると、友だちとしての意味が失われるだけでなく、ましてあの人間道徳や日頃に心得ておくべき道徳などを講究するなどということはどうして可能になるといえようか。そして士人の気風や民衆の風習を立派にしようとしても、それは何と難しいことではなかろうか。また、後に続く年若い人たちや後輩学者たちに手本として仰ぐべきものを無くさせ、君臣・親子・夫婦・長幼の、それぞれの関係の道義こそが講究すべきだということを知らないようにさせてしまうのである。しかも、かえって大本を捨てさって末節に走り、それが習慣化して上っ面だけを追い求めることに帰結してしまうのである。こんなことで、一体全体どのような益があるといえようか。甚しきに至っては、道義を忘れて利益だけを追求し、胥吏と語らって善良な人びとから追い剥ぎ紛いに絞り取るのである。隣近所や親戚に対してさえも、貪り尽くさないものは少ないのである。一体、君子の学問とは、こんなものなのだろうか。そこまでいかない場合でも、互いに誘って遊び暮らすことに一生懸命で、自分の手で財産を食いつぶしてしまう。最初は、気のいい仲間同士で肩を叩いたり袖を取ったりして、俗悪な音楽に現《うつつ》を抜かして歌や踊りを習い、昼となく夜となく酒盛りをし、限度を弁《わきま》えずに遊び暮らすのである。そして最終的には、賭博や盗みといったことにも手を出して、悪いことで実行しないものはなくなって、禍が自分の身に降りかかるだけでなく、親にまで面倒をかけるようになってしまう。これ以上の不孝不義の罪は無かろう。ここまで述べてくると、しばらく溜息が出るだけだ。士人や庶民が、このような状況に慣れて風習になってしまうと、たとえ彼ら自身としてはそれが恥しいことだと知らなくとも、どうして州県の恥ではないといえようか。

私左祥は、忝《かたじけ》なくも潮州路の治世の手助けをしており、(14) 毎日のように訴訟沙汰の書類に目を通して道理や正義に悖《もと》ることに度々遭遇する。その原因を探ると、交遊関係を選ばず、本当に究明すべきことをしなかったりといったことが、そうさせているのではないだろうか。だからこそ、私は、このように自分から言い出さないではいられなかったのだ。

一体、お前たち士人や庶民たちが、幸いにして、こうした点に気づき、しっかりとそれを心に留め、身体で実行し、さらにお前たちの子弟に教え込み、お前たちの隣近所を諭し、人びとが全て善行に向かい悪徳を避けるようにさせ、ともに立派な君子に帰結するようになれば、この海沿いの地域も孟子や孔子の故郷の鄒や魯のようなすばらしい気風に次第になってゆくはずだ。それは顧みて何と素晴らしいことではないだろうか。

（1）この項の原文は、題名の夾注にあるように、全行にわたって一字を下げているが、訳注では、これまでの各項と同じように一字を下げないで記す。

（2）ここは、無論、『孟子』滕文公上に、「父子有親、君臣有義、夫婦有別、長幼有叙、朋友有信」とあるように、朋友関係が五倫の最後に来ていることを指している。なお、本文の以下の五倫の訳は、基本的には岩波文庫本『孟子』上、二一三頁に拠っているが、「義」は「礼儀」ではなく「道義」に変えている。

（3）王通『中説』巻八「魏相篇」。『古今事文類聚』前集巻二三「交友」の項には、王通のこの言辞と、次の韓愈の言辞とが載っている。

（4）『韓昌黎集』巻一七「答胡生書」に、「愈頓首胡生秀才足下、雨不止、薪芻価益高、生遠客、懐道守義、非其人不交」とある。また、『旧唐書』巻一六一、韓愈伝には、「愈性弘通、与人交、栄悴不易」とあり、『新唐書』巻一七六、韓愈伝にも、「愈性明鋭、不詭随、与人交終始不少変」とあって、いずれも真摯な韓愈の交友関係を窺える。

（5）司馬彪『続漢書』巻三（巻数は『七家後漢書』所収本）。この話は、『七家後漢書』所収の『続漢書』の当該記事の夾注にあるように、『初学記』巻一二や『太平御覧』巻二三二にも見え、加えて『古今事文類聚』前集巻二三「交友」の項にも、「非徳不交」と題して載っている。

（6）『新唐書』巻一九六、陸亀蒙伝に、「不喜与流俗交、雖造門不肯見」とある。なお、『旧唐書』には陸亀蒙伝はない。この話は、『古今事文類聚』前集巻二三「交友」の項にも「不交流俗」と題して載る。

（7）『三国志』巻一一、魏書、邴原伝に引く『原別伝』に、「〔邴原〕単歩負笈、苦身持力（中略）汝南則交范孟博」とある。この話は、『古今事文類聚』前集巻二三「交友」の項にも「所至択友」と題して載る。

（8）『後漢書』列伝巻五七、李膺伝に、「李膺字元礼、潁川襄城人也、（中略）膺性簡亢、無所交接、唯以同郡荀淑・陳寔為師友」とある。なお、本文に「李膺居潁州」とあるが、むろん、「潁州」は「潁川」の書き写し間違いであろう。この話は、『古今事文類聚』前集巻二三「交友」の項にも、「師友荀陳」と題して載る。

（9）『論語』季氏篇。訳は、岩波文庫本、二二八頁に拠っている。

（10）『新唐書』巻九八、王珪伝。なお、『旧唐書』巻七〇の王珪伝には、この逸話は載っていない。この話は、『古今事文類聚』後集巻六に「知子必貴」と題して載る。

（11）司馬光『涑水記聞』巻一〇。なお、本文に「宋密学張奎弟客省亢母宋氏」とあるが、『涑水記聞』の記事には、「宋密学張奎弟密省元母宋氏」とある。「客」と「密」、「亢」と「元」は字形が似ており、『四庫全書』が書き写し間違いをしたと考えられる。訳文は『涑水記聞』の記事に従う。ちなみに、この話は、『古今事文類聚』後集巻六に「聴客与語」と題して載り、四庫全書本の『古今事文類聚』は、「宋密学張奎弟密省元母宋氏」に作るが、字句が本文と異なる点もいくつかあるので、左祥が『古今事文類聚』を引き写した間違いとは考えにくい。

（12）ここは、『論語』陽貨篇の、「性相近也、習相遠也」を踏まえている。

（13）『孔子家語』巻四「六本」。この言辞は、『古今事文類聚』前集巻二三「交友」の項にも引用されている。

（14）『琴堂諭俗編』の「解説」で指摘するよう、左祥は、この「択交遊」を執筆していたとき、衙門の書類と吏員の管理を職掌とする「潮州路総管府経歴」という役職についていた。

『琴堂諭俗編』解説

一　「諭俗文」とは何か

中国歴代王朝は、民衆支配の一環として教化ということを重んじてきており、とくに民衆と直接に接触する機会の多い県の知事には、まさに「親民官」として民衆教化の役割が割り当てられてきた。たとえば、唐代でも「県令は風化を掌導し、冤滞を察し、獄訟を聴く（県令掌導風化、察冤滞、聴獄訟）」とあって[1]、県の長官である県令は裁判処理と同時に教化をも重要な職掌としていたことが知られる。しかしながら、守令などの地方官が教化の手段として、教化の内容を文章にして布告する行為は宋代になってから盛んになったと思われる。そこで、まず民衆教化の諭告文である「諭俗文」に関する説明から始めよう。宋代の「諭俗文」に関して、すでに私は専論を公表しており[2]、詳細はそれを参照していただき、ここでは「解説」に必要な叙述に止めたい。また、教化という点から深い関わりを有する呂大鈞「呂氏郷約」を初めとした郷約にも、紙幅の都合もあって、とくに言及はしない。

民衆教化を目的とした「諭俗文」は「勧諭文」や「示俗文」などとも称せられるが、宋代の場合、布告の主体は州県の守令などの地方官であり、その点が主に皇帝の名の下に布告・諭告された唐代のそれと大きく異なっている。宋代では、「諭俗文」の他に、多種多様な諭告文が民衆に向けて地方官によって出されている。たとえば、

「勧学文（学問の勧め）」「勧孝文（親孝行の勧め）」「暁諭詞訟文（訴訟沙汰の抑制の勧め）」「勧諭救荒文（災害救済の勧めと具体的方策）」などで、それらは南宋時期に盛行するが、これらの諭告文の中で「諭俗文」と深く関わるのは、農業振興を主な目的とする「勧農文」である。[4] なぜなら、「勧農文」は技術や経営といった農業の実際的な側面を記すだけでなく、その肝心な農業生産活動を阻碍する様ざまな要因を除去するために、民衆の生活のあり方まで降り立って指導しようとしたのであり、そこには「勧善」の側面を含み込んでいるからである。「諭俗文」と「勧農文」のいずれも、文章の大部分は宋人の文集中、とくに公用文書を所収する「公移」や「文」といった項目の下に互いに近接して載っているが、「勧農文」が一〇〇例近く現存するのに対して、「諭俗文」は二〇余りと極めて現存量が少ない。

それでは、「諭俗文」は、どの時期に布告されたのであろうか。これは必ずしも一定していない。なぜなら、その文章の性格からして、着任するに当たっての施政方針として提示される場合や、着任してある程度の時間が経過して、任地の問題状況を把握するに至って布告する場合などがあったからである。これに対して、「勧農文」は、勧農が詔勅によって毎年春に行うことが定められ、農耕の開始される二月に布告されていた。[5]

布告の対象は誰なのだろうか。これを佃戸だとする見解もあるけれども、[6]「諭俗文」の文章内容からみて郷村の民衆一般だと考えられよう。第一に、「諭俗文」の中には、多くの場合、「爾百姓（爾ら百姓）」「爾民（爾ら民）」という呼びかけの対象を示す語句がみられるが、これは文脈からみて佃戸という特定の対象だけを指すとは到底考えられず、佃戸をも含めて郷村の民衆一般を示すと見た方が自然だと考えられるからである。第二に、「諭俗文」の中に、『孝経』庶人章を踏まえているものがあることも、私のこの推測を傍証してくれよう。[7]『孝経』は、周知のように、天子・諸侯・卿大夫・士・庶民のそれぞれの身分に応じた孝の実践を説いており、その中で、庶人章は庶民における孝のあり方を述べている[8]。要するに、「諭俗文」の対象は官僚身分をもたなければ、地主でも佃戸でも、あるいは自作農であっても少しもかまわないのである。ちなみに、「諭俗文」は家族のあり方にも言及し、家訓と内容的に重なる面も多いけれども、しかし「諭俗文」が地方官による一般民衆を対象とする諭告であるという点において、家族を主な対象とする家訓とも一応は区別すべきものと考えられる[9]。

ところで、少し脇道に逸れるが、一般民衆に向けて直接に諭告された「諭俗文」に対して、「勧農文」は、諭告の対象が多少とも異なるようである。「勧農文」では、必ずまず地方官が郷村の指導者たる父老を召集し、彼らを督励し、その彼らを通して在地の一般民衆に対して農業振興にかける地方官の情熱と意志が伝達されるように期待され、一般民衆への地方官の呼びかけは間接的とならざるを得なかった。むろん、「諭俗文」でも、後述するように、父老の、民衆教化に対する大きな役割が期待されているので、この相違は微妙であるけれども、やはり直接に民衆に語りかける点で、そこには若干の違いを認める必要があろう。

「諭俗文」はどのようにして民衆に周知されたのであろうか。一般的に言って、諭告文や布告文は、その内容を周知徹底させねばならぬのだから、掲示するにせよ、宣告するにせよ、人びとが集まり人目に付くところでなければならない。したがって、司前（役所の前）・市曹（盛り場）・通衢《つうく》（大通り）がその場所として好んで選択されたのは充分に納得されよう[10]。「諭俗文」の掲示場所がそれと知られるものも、事情は同様であったようであるが[11]、変わったところでは郷井（共同の井戸）や寺観に掲げた場合[12]、郷村内の店舗に張り出したり[13]、挙げ句には掲示では事足りぬと考えたのか、榜示の内容を印刷して回覧する場合もあったらしい[14]。むろん、民衆は識字能力があるとは限らないので、教養と学識を有する士人や父老が地方官の意図を無学な民衆に知らせるため、それらの榜文の内容を読み聞かせることが要請されていた[15]。そして、このことは、士人・父老が単に教養と学識があるからというだけでなく、彼らが郷村社会の指導層として民衆を指導する役割をも期待されていたことを意味するのではなかろうか。士人・父老の役割に対するこうした期待は、「勧農文」に端的に見られる。朱熹が紹熙三年（一一九二）に布告した「漳州勧農文」の末尾に次のようにある。[16]

右、今、編を出し、散行し（布告し）暁諭するの外、更に父老に請うに、各の此の意を以て、郷閭を勧率し、子弟を教戒し、務めて通暁せしめ、違犯を致す毋《なか》らしめんことを。（右今出編散行暁諭外、更請父老各以此意、勧率郷閭、教戒子弟、務令通暁、毋致違犯）

「諭俗文」には、管見の限り、これほど直截的な郷村社会における「士人」「父老」の指導的な役割に言及した言辞を見出せていないけれども、真徳秀（一一七八～一二三五）の「諭俗文」の一節は、そのことを充分に窺わせてくれよう。たとえば、「福州諭俗文」に、[17]

此の榜到る日、所在の耆老・仁賢、宜しく開説を為し、之をして通暁せしめ、宜しく勤勉を為し、之をして興起せしむれば、今自り以往、家家は礼義ありて、人人は忠孝にして、七閩の俗を変じて、鄒魯の郷と為らん。（此榜到日、所在耆老仁賢、宜為開説、使之通暁、宜為勧勉、使之興起、自今以往、家家礼義、人人忠孝、変七閩之俗、為鄒魯之郷）

とあって、「士人」や「父老」が解説を交えて榜文を読み聞かせることを通じて、地域社会の人びとが道徳的に教化されることを期待されているのである。

このように士人・父老を郷村社会の指導層と位置づけるのは、「諭俗文」「勧農文」だけでなく、「勧学文」などにもみられる現象だけれども、これ以上のことは私の専論をみていただくとして、ここではこれ以上に深入りはせず[18]、少し先を急ぎ結論を示そう。すなわち、士人・父老を指導層とする郷村社会の秩序の意識構造がどのようになっているかという問題であるが、それは私の専論で論証したように、家族を基点として〈家族↓宗族↓郷村〉という同心円的に拡がって行く秩序意識であった。そして、このことは、また郷村の秩序構成に宗族が重要な要素として組み込まれていた点も、忘れずに確認しておきたい。宗族は、郷村統治の欠くべからざる節目《アイテム》であったのである。

それでは、宋代において、地方官による「諭俗文」はいつ頃から開始されたのだろうか。後世に及ぼした影響からすると、その嚆矢は、北宋の陳襄（一〇一七～一〇八〇）が皇祐年間（一〇四九～一〇五三）に台州仙居県（浙江省仙居県）の知事のときに布告した「勧諭文」であろう[19]。陳襄の「勧諭文」は、南宋に入ると、朱熹によって推奨され、紹熙元年（一一九〇）、朱熹が漳州（福建省漳州市）の知事のとき、それに注釈をつけて管下の民衆に榜示したけれども[20]、この、朱熹の行為は陳襄の「勧諭文」の古典化に決定的な役割を果したと考えられる。朱熹に私淑し道学派の流れを汲む真徳秀は、自らも何編かの「諭俗文」を作成しているが、民衆教化にとって論告文を布告する重要性を説いたくだりに[21]、

昔、密学陳公襄の仙居の宰と為るや、民に教うるに、父は義にして母は慈、兄は友にして弟は恭なるを以てす。而して人、焉に化服す。（昔密学陳公襄為仙居宰、教民以父義母慈兄友弟恭、而人化服焉）

と述べ、真徳秀の時期になると、「諭俗文」の古典として、陳襄の「勧諭文」が当然視されていることを窺えるのである。

ところで、陳襄の「勧諭文」に少し遅れて、嘉祐年間（一〇五六～一〇六三）、書家としても著名な蔡襄は、福州の知事として当地の風俗を改善しようとして、その論点を五つに纏めて布告している（「福州五戒文」[22]）。そして、政和七年（一一一七）の自序を付す李元弼の『作邑自箴《じしん》』の巻六と巻九には「諭俗文」の雛形が載っている。周

知のように、『作邑自箴』は、宋代における地方官僚の心構えを記すいわゆる官箴《かんしん》の書の代表である。[23] とすれば、現存する「諭俗文」の大半は南宋時代のものであるけれども、その布告自体は北宋の中頃に始まっており、しかも北宋末までには地方官の行うべき重要な業務の一環となっていたといえよう。南宋時期には、先に挙げたように、朱熹や真徳秀らの道学派における民衆教化の重要な手段の一つとなり、それは社会に次第に浸透していった。

二　応俊その他の作者たち

「諭俗文」の中でも、委曲を尽くした内容で群を抜くのは、鄭至道の「諭俗篇」とその続編である彭仲剛の「諭俗続篇」といえよう。[24] 応俊の『琴堂諭俗編』は、この二編を含み込み、さらには豊富な史実を彼自身の手で盛り込んで、南宋も終わり近い頃に纏め上げられ上梓されたものである。ただ、現行の『琴堂諭俗編』は、その末尾に元人の左祥によって「交遊」という一項目が増入されている。また、鄭至道の「諭俗篇」中、鄭至道が諭俗文を布告するに至った経緯や布告の狙いと布告内容の要点とを記した、いわば序文に当たる部分（二〇〇字）は、この『琴堂諭俗編』では省略されている。以下、この項では、これら四人の人物について簡単に紹介しておこう。

とはいうものの、現存史料による限り、これら四人についての情報は極めて少ない。まず、鄭至道であるが、字は保衡といい、出身は福建興化軍莆田県（福建省莆田市）。一族からは祖父の鄭伯玉を初め、何人かの科挙及第者を出しており、彼自身は元豊二年（一〇七九）の進士、[25] 元祐二・三年（一〇八七・八八）に台州天台県（浙江省天台県）の知事のとき、「諭俗文」を布告している。[26] 次の彭仲剛は、『乾隆浙江通志』や葉適の手になる墓誌銘に事蹟が記されていて[27]、他の三人に比較してその生涯がやや詳しく辿れる。それらによると、温州平陽県（浙江省平陽市）の人で、字は子復、乾道二年（一一六六）の進士[28]、婺州金華県（浙江省金華市）の主簿を振り出しに官僚生活を開始し、紹熙五年（一一九四）に提挙浙東常平に着任して、管轄下の明州（浙江省寧波市）や越州（浙江省紹興市）の飢饉救済に奔走していたときに病死している。享年、五二。墓誌銘からは、吏治に精通した「循吏」像が浮かび上がってきて、「諭俗文」を布告した台州臨海県（浙江省臨海県）の知事時代にも、民衆の力役を均等にしたり、当地の「大図」を作成するなどの事蹟が記されている。とはいえ、これらの史料には肝心の「諭俗文」に対して一言半句も触れられていない。ただ、台州の地方志の『嘉定赤城志』には淳熙四年から七年（一一七七～一一八〇）の臨海県知事時代に「諭俗文」を作成したことが言及され、その文章を掲載している[29]。

『琴堂諭俗編』の編者の応俊に関しては、その任地であった江西新昌県（江西省宜豊県）の地方志や郷里の台州の地方志などに簡単な履歴が記されているが、内容はどれも大同小異である[30]。それらによると、応俊は、字は東野、台州臨海県（浙江省臨海県）の人で、嘉熙二年（一二三八）の進士、景定年間（一二六〇～一二六四）に江西新昌県の知事であったとき、盗賊退治に成果を挙げ、民衆の生活を安定させたという。彼について、地方志から窺えるのはこの程度だが、『琴堂諭俗編』の応俊の「原序」や彼の手になると考えられる本文中の夾注からは断片的にその他の情報を得られる。まず、『琴堂諭俗編』の「原序」に景定二年（一二六一）の日付があり、また、「原序」の本文中にも新昌県における教化を目的として鄭至道・彭仲剛の「諭俗文」を増補したことが記されている点からすると、本書は、この新昌県知事時期に編纂されたと考えられることである。次に時期は不明であるけれども、夾注の記事から応俊が明州奉化県（浙江省奉化県）に主簿として勤務していたことが判明する（上巻、二三表）。

ところで、本書の書名の一部となっている「琴堂」という語句には、鄭至道や彭仲剛という先人の地方官の、こうした教化を中心とする統治努力を受け継ぎ、自分自身も同様な姿勢を貫き通そうとした応俊の意図が込められているのではないだろうか。というのも、たとえば『大漢和辞典』が「琴堂」について、『呂氏春秋』巻二一「察賢」を典拠として引きながら簡明に説明しているように、「琴堂」とは、孔子の門人の宓子賤が単父《ぜんぽ》（山東省単県）を治めたとき、役所に籠もって琴を奏でるだけで外に出なかったが、当地はよく治まったという故事に基づいており、後には県官が政務を執る場所を指し示すようになったのだけれども、応俊は政務を執るという意味合いだけで、わざわざ書名の一部に「琴堂」という語句を連ねたとは思えないからである。応俊の「原序」をみると、教化を知県としての責務として重視する姿勢が充分に窺われ、「琴堂」という言葉に、地方官の、教化による統治という意味合いを込めていたと推定するのは至極自然だろうと思われる。

最後は左祥である。彼の生涯に関しては、『元史』に列伝はなく、『万姓統譜』巻八四にやや詳しい記述がある程度である。それによると、字は祥卿、出身は盱《く》江県（江西省南城県）で、元代の大儒、呉澄の知遇を受け、泰定二年（一三二五）、広州香山県（広東省中山県）の知事（香山尹）となり、社学を利用して当地の子弟を訓育するなど民衆の教化に努めている。その後、潮州路（広東省潮州市）経歴（衙門の書類と吏員の管理などを職掌とする役職）に転任し、最後は万州（四川省万県市）の知事で亡くなっている。享年は不明。「諭俗文」は、この『万姓統譜』の記述においては、香山県の知事時代に「勧学文」とともに布告したことになっているが、左祥自身の『琴堂諭俗編』の「原序」によると、香山県時代ではなく、潮州路経歴の時代となっている。この左祥は、既述のように、『琴堂諭俗編』の最後に「交遊」という項目を補っている。

三 『琴堂諭俗編』の構成と内容

『琴堂諭俗編』は、現在見ることのできる四庫全書本では、上巻と下巻の二つの部分から成り立っている[31]。分量は序文の三葉を除くと、上巻が三六葉、下巻は二〇葉、項目数は上巻が九つ、下巻は六つである。上巻には鄭至道の『諭俗編』、下巻は彭仲剛の『諭俗続編』が配され、応俊の補編は基本的には、各「諭俗文」の各項目、たとえば「孝父母」「愛兄弟」などのテーマごとの後半部分を構成している。「基本的には」と述べたのは、上巻の「重本業」と下巻の「謹戸田」には応俊の補編が無く、その一方で上巻の「教子孫」と「保墳墓」は応俊の文章のみで、鄭至道の「諭俗文」は無いからである。既述の、左祥の「択朋友」は下巻の最後に載っており、この項目の文章だけは各行が全て一字を下げられている。その理由は、「択朋友」題名下の夾注によると、ここの部分は左祥の文章として他と区別するためだという。また、上巻の鄭至道の『諭俗篇』には、「恤鄰里」と「重本業」を除く項目で夾注が繁簡の差が有りながら入っており、これも応俊の補編だと一応は考えられる。「一応」と記したのは、「孝父母」の項に一か所だけ鄭至道の原注と思われるものがあり、それは訳註に注記しておいた。

ところで、『琴堂諭俗編』は、応俊の当初の編纂本と現行本とでは、その構成内容が少し異なるかも知れない。すなわち、左祥の序文によると、本書の項目数は一四、冒頭は「五服図」から始まって、最後が「積陰徳」で終わり、その間に「孝父母」「友兄弟」「崇忠信」「重本業」「尚倹素」の各項目が介在すると指摘している。これを現行本と比較すると、現行本は最後に左祥の「択朋友」が入っているので、それを除けば、項目数は一四となって左祥の記述と一致するけれども、現行本の冒頭は「孝父母」であって、「五服図」ではない（また、現行本も「択朋友」を別にすると、最後は「積陰徳」となっていて、その点も一致する）。「五服」とは、表題から判断すると、死者に対する血縁の親疎に応じた服喪の程度、つまり斬衰《ざんさい》・斉衰《しさい》の三年から始まって緦麻《しま》三か月まで服喪が逓減してゆくことを意味すると考えられるから、その内容から推測して現行本では上巻の最後から三つ目にある「正喪服」と同じものである可能性が高い。しかし、それにしても、鄭至道の『諭俗編』でも末近くに位置する「正喪服」が、なぜ左祥の見た『琴堂諭俗編』では冒頭に置かれたのか、そして現行本の位置にいつの時点で移されたのかという問題は残る。ただ、前者について、少し想像を逞しくすると、「正喪服」は、『琴堂諭俗編』の中で分量として一番に多いこと（八葉半もある）に象徴されるように、編者の応俊は、ここに諭俗の力点を置いていたのではないかと思われる。というのも、この項目は火葬批判に端的に示されるように、服喪や埋葬をめぐる道学的儒学理解からの主張が仏教批判を伴って展開されており、次の項目の「保墳墓」とともに、朱子学派をもって任ずる応俊の宗教観念を表明した重要な部分なのではなかろうかと思われるからである。二程や朱熹を初めとする道学派は、埋葬・供養を中心に仏教に対する批判を展開させており[32]、加えて、朱熹自身の手になる「示俗」という諭俗文では、『孝経』庶人章を引用しながら、親から受け継いだ財産を保持しつつ、勤労と節倹に努めて親に孝養を尽くすことを勧諭する一方、念仏を唱え仏教による供養を無駄な浪費にすぎないと批判している[33]。また、朱熹に私淑した真徳秀も、「正喪服」に引用される文章に端的に窺えるように、火葬に象徴される仏式の埋葬・供養を批判している。朱熹を「先師朱文公」と呼ぶ応俊からすれば（上巻、二七裏の夾注）、当然に重視すべき項目といえるのかもしれない。

『琴堂諭俗編』を構成する各「諭俗文」の中味をみてみよう。それに関して『四庫全書総目提要』の当該部分は次のように記している。「その書物は、ほとんど経史の中から日常の倫理道徳に関係する部分を取り出して、民衆に諭すべき事柄の傍証としている。だから、諭俗文というのだ。そこで言っている内容は卑俗であるけれども、もともと郷村に住む人たちのために作ったものだから、文章の巧拙を問題にすれば、その本旨から外れることになる（其書大抵採摭経史故事関於倫常日用者、旁証曲喩、以示勧戒、故曰諭俗文、義渉于鄙俚、然本為郷里而作、以文章工拙論之、失其本意矣）[34]」と。もう少し詳しく述べると、鄭至道と彭仲剛の諭俗文は、民衆に諭すべき各テーマごとに、まず、経書から諭俗に関わる内容の理想的姿や理念像を取り出し、次に史書から同様の模範的事例を古い順から列べ、最後に是正すべき問題状況が指摘される、という筋立てになっている。各項目の、最後の問題状況からは、「諭俗文」に関する既出の私の論文に示したように、地方官が等閑視できないと考えた当時の郷村社会の実情が浮かび上がってくる。応俊の補編は、経書からの引用もあるけれども、むしろ諭俗すべき内容に関わる史実を豊富に補うことを目的としているようにみえる。また、時として同時代の実見談と思われる記述も散見される。たとえば、既述の、主簿として勤務していた明州奉化県（浙江省奉化県）において、科挙受験前に郷里の女性と婚約した士人が合格後に約束どおりに結婚したという実見談を記している（上巻、二三表）。この他に、子孫に対する教育の重要性を説いた「教子孫」では、応俊の出身地の士人が生前に子供に博奕を教えたため、死後、子供が博奕で身を滅ぼしたこと（上巻、十一表）、郷里の人びとと仲良くすべきことを説いた「恤鄰里」では、景定（一二六〇～一二六四）初め、任地の新昌県に蒙古軍が攻め寄せてきたとき、混乱に乗じて争乱が起き、日頃から評判の善くなかった金持ちが誘拐され財産を掠奪されたという実見談を披露し（上巻、一八裏）、墳墓の維持管理の大切さと薄葬を説いた「保墳墓」では、宝祐・開慶（一二五三～一二五九）年間のこととして不肖の息子が生活に困窮して自分の祖先の墓を盗掘した実例を紹介している（上巻、三四表裏）。また、実見談かどうかは明らかではないが、上巻の、九葉表・二七葉裏・三二葉表に出てくる傅実之は、新昌県が属する筠州の隣の臨江軍に住む地方士人であり、本書に記す活躍実態は、『隆慶臨江府志』などの現存史料には見えない士人の地域社会との関わりを窺わせる貴重な記事を含んでいる。このようにみてくると、『琴堂諭俗編』は、南宋末の郷村社会を初めとした当時の実態を知る上で、零細ではあるけれども、他の史料には無い情報が盛り込まれているといえよう。

ところで、応俊が史実の補填を重視していたらしいことと関わるけれども、彼の文章は経書の引用も含め、とりわけ史書などからの引用は必ずしも原典に基づいたとはいえない点がある。その典型は「友兄弟」に紹介されている隋の牛弘のエピソードである。すなわち、牛弘の弟が酔った勢いで弘の車を引く牛を射殺したが、弘はそれを特に問題化しなかったという話は、確かに『隋書』巻四九の「牛弘」伝に載っているけれども、話の最初の出だしから筋の運び方も含めて、むしろ司馬光の『温公家範』巻七の記述を採用したと考えられるのである。つまり、全部とは言えないにしても、応俊はかなりの部分を、後世の、それぞれの目的に応じて編纂された二次あるいは三次資料に基づいて補填したのではないかと思われるのである。ことに、南宋・祝穆の『古今事文類聚』に依拠したと思われる記事が目立つ。こうした状況の背景としては、一つには、前掲の『四庫全書総目提要』が指摘するように、民衆教化のために卑近な材料を用い、一般に流布している書物から多く引用したという事情があるのではなかろうか。しかし、それにも増して、このことは、応俊が地方官めぐりに終始し、恐らく都での勤務も無かったらしい彼の事情、しかも『琴堂諭俗編』の編纂が江西の田舎町で行われたことと関わるだろうし、加えて、印刷出版が始まり、福建を中心に商業出版（坊刻）もなされていた南宋時代であっても、書籍の入手がそれほど容易でなかった事情の反映と言えるかもしれない[35]。とまれ、こうした事情から、この訳註の典拠を示す場合、そもそもの典拠を明示することを第一に心がけたけれども、応俊が直接に依拠したと明確に判明する書籍はそれも注記するようにした。なお、この訳註の作成にあたって、鄭至道・彭仲剛の「諭俗文」に関しては、

『嘉定赤城志』巻二七「風土門」所載の文章と異同を照合し、必要に応じてその異同を注記している。だが、応俊と左祥の文章については、既述のように、管見の限り、四庫全書本以外には見あたらず、四庫全書本のみにで解釈を下さらざるを得なかった。加えて、典拠不明の箇所もあって、不充分な訳註となってしまった。博雅の士の忌憚のない教えを請う次第である。

（1）『新唐書』巻四九下〈百官志〉四下「県令」。なお、『旧唐書』巻四四〈職官志〉三「県令」にも、「京畿及天下諸県令之職、皆掌導揚風化、撫字黎甿、敦四人之業、崇五土之利、養鰥寡、恤孤窮、審察冤屈、躬親獄訟、務知百姓之疾苦」とある。

（2）拙稿「宋代の『諭俗文』」（宋代史研究会編『宋代の政治と社会』汲古書院、一九八八年）。

（3）宋代の地方官による勧学文に関する専論に、拙稿「宋代の『勧学文』」（『柳田節子先生古稀記念　中国の伝統社会と家族』汲古書院、一九九三年）がある。

（4）宋代の「勧農文」に関する専論に、宮澤知之「南宋勧農論――農民支配のイデオロギー――」（中国史研究会編『中国史像の再構成――国家と農民――』文理閣、一九八三）がある。

（5）前掲宮澤知之「南宋勧農論――農民支配のイデオロギー――」参照。

（6）福田立子「宋代義荘小考――明州楼氏を中心として――」（『史艸』一三、一九七二年）。

（7）たとえば、劉爚「閩県諭俗」（『雲荘集』〈四庫全書珍本第二集〉巻七）、李元弼「勧諭編」（『作邑自箴』巻九）。

（8）宇都宮清吉「孝経庶人章によせて」（同氏著『中国古代中世史研究』創文社、一九七七年）。

（9）朱明勲『中国家訓史論稿』（巴蜀書社、二〇〇八年）は、中国における家訓の歴史と家訓の時代的特質を体系的に論じた優れた書物だが、「諭俗文」の中でも委曲を尽くした『琴堂諭俗編』を家訓の部類に入れているのは（二〇一頁）、こうした地方官による一般民衆の教化を目指した「諭俗文」の趣旨と明らかにそぐわない。

（10）司前の例として、胥吏が遊手と結託して民衆から塩税や茶税を騙し取ることを禁止した黄震の榜文に、「如有違戻去処、官劾吏鯨、乃榜司前暁示、截自当職交事、以後如有再犯者、許人陳告」とあり（黄震『慈渓黄氏日抄分類』巻八〇〈公移三浙東提挙〉「収巡塩暦」）、市曹の例としては、同書巻七九「暁諭遺棄榜」に、「榜諭司前局市曹、使衆通知」とあり、通衢の例には、朱熹『晦庵先生朱文公文集』巻二五「与建寧諸司論賑済劄子」に、「第四項以後、乞使府出榜通衢」とある。

(11) たとえば、『琴堂諭俗編』巻上「恤鄰里」の項（応俊の続編部分）に、「初判之時、雖嘗備榜市以諭衆」とある。

(12) 李元弼『作邑自箴』巻九「勧諭榜」の題名下の割注に、「与戒民庶編、大率相似、或不能刻板、止用佳紙精札、毎郷井寺観張一本」とある。

(13) (14)李元弼『作邑自箴』巻六「勧諭民庶榜」の題名下の夾注に、「鎮市中并外鎮、歩逐郷村店舎多処、各張一本、更作小字刊板、遇有耆宿到県、給与令広也」とある。

(15) 朱熹『晦庵先生朱文公文集』巻一〇〇「龍巌県勧諭編」に、「其有細民不識文字、未能通暁、即請郷曲長上詳此曲折、常切訓誨、要使闔県之人常切思念、既為王民、当守王法云々」とある。

(16) 朱熹『晦庵先生朱文公文集』巻一〇〇。

(17) 真徳秀『西山先生真文忠公文集』巻四〇「福州諭俗文」。また、同書同巻「潭州諭俗文」にも、「故於到任之初、以誠心実意、諄諄告諭、其不識文義者、郷曲善士、当以俗説為衆開陳、使之通暁、庶幾人人循理、家家畏法、田里無追呼之跡、公庭無鞭朴之声、民情熙然化為楽衆、豈不美哉、故榜示、各宜知悉」とあって同様の言辞を見出せる。

(18) 註(2)(3)の拙稿。なお、宋代の父老に関する専論として、柳田節子「宋代の父老——宋朝専制権力の農民支配に関連して——」(『東洋学報』八一—三、一九九九年、同氏著『宋代庶民の女たち』汲古書院、二〇〇三年再録)がある。

(19) 陳襄『古霊集』(四庫全書珍本三集)巻一九。なお、「勧諭文」は、南宋時期の台州の地方志『嘉定赤城志』巻三七「風土門」にも載っているが、そこでは「勧俗文」に作る。

(20) 『晦庵先生朱文公文集』巻一〇〇「掲示古霊先生勧諭文」。この文章の作成された時期の明示はないが、文集内のこの文章は漳州時代の、しかも紹熙元年当時の文章に挟まれていて、紹熙元年の作成を窺わせること（木村英一「ジッテと朱子の学」『東方学報　京都』二二、一九五三年参照）、王懋竑『朱子年譜』の紹熙元年の条に、この年、朱熹が漳州に着任し、まず風俗の醇化に務めたとあることから推察できる。

(21) 『西山先生真文忠公文集』巻四〇「潭州諭同官咨目」。

(22) 蔡襄『端明集』(四庫全書珍本四集)巻三四「福州五戒文」。この布告文は、『続資治通鑑長編』巻一八七、嘉祐三年七月癸酉の条によると、この頃に発布されたらしい。南宋福州の地方志である『淳熙三山志』巻二二「秩官類」によると、確かに蔡襄は嘉祐元年から嘉祐三年にかけて福州の知事であった。ちなみに、この「福州五戒文」は、『淳熙三山志』巻三九「土俗類」にも載っている。なお、この「福州五戒文」を始めとした蔡襄の布告文については、拙稿「蔡襄の諭告文」(『名古屋大学東洋史研究報告』二九、二〇〇五年)を参照。

(23)『作邑自箴』を初めとした宋代の官箴の書物に関しては、佐竹靖彦氏の簡にして要を得た説明がある（同氏著『宋代史の基礎的研究』朋友書店、二〇〇七年、「第一章上　官箴と地方行政――『作邑自箴』の理解を中心に――」「第一章下『作邑自箴』の研究――その基礎的再構成――」）

(24)『嘉定赤城志』巻三七「風土門」では、彭仲剛の続編を「続喩俗篇」と記しており、「諭」ではなく「喩」に作る。ただ、『宋史』巻二〇五〈藝文志〉「雑家類」も、『四庫全書総目提要』巻一二一〈子部〉「雑家類」も「諭俗続編」としているので、ここでは「諭俗続編」とする。また、鄭至道にせよ彭仲剛のせよ、『嘉定赤城志』は、「編」を「篇」に作るが、ここでは便宜上、『琴堂諭俗編』に従って「編」に統一する。なお、『琴堂諭俗編』に対する『四庫全書総目提要』は、「鄭至道」を「鄭玉道」に作るが、『琴堂諭俗編』上巻の各項目の最後に記す名前は鄭至道となっており、『嘉定赤城志』巻三七「風土門」に載る当該文章も鄭至道となっていて、加えて次註に示す劉俊甫『莆陽比事』も鄭至道と記しており、『琴堂諭俗編』に収められた「諭俗篇」の作者は明らかに鄭至道である。しかし、残念ながら『四庫全書総目提要』のこの書き間違いは、叢書の目録として定評のある『中国叢書綜録』（上海古籍出版社、一九八三年）に採用され、中国家訓に関して優れた通史・研究である前掲の朱明勲『中国家訓史論稿』にも踏襲されている（一六七・二五九頁）。

(25)劉俊甫『莆陽比事』巻三「以詩名家、有文行世」の項の「鄭至道諭俗編」下の割注に、「字保衡、登元豊第、知韶州楽昌県、有劉阮天台洞記」とある。また、同書巻一「三世登雲、四代攀桂」の項に、「鄭伯玉字宝臣、擢景祐第、其子叔明・叔僑・孫至道・亨道・事道、相継登第、皆及見之」とある。さらに、『光緒補刊本興化府莆田県志』巻一二「選挙志」によると、鄭伯玉が景祐元年、鄭至道が元豊二年の科挙及第者として名前がある他、鄭氏一族と思われる及第者の名前も何名か見出せる。

(26)『嘉定赤城志』巻一一「秩官門四」。そこの鄭至道の項の割注に、「政尚教化、有諭俗七篇」とある。

(27)葉適『水心文集』巻一五「彭子復墓誌銘」、『乾隆浙江通志』巻一七〇「循吏」。また、『大清一統志』巻二三〇にも簡単な略歴が載っており、更に、陸九淵が朱熹に宛てた書簡の中で、道学を主張する人物として彭仲剛が言及されている（『陸九淵集』巻七「与朱元晦」）。

(28)進士及第の年代は、『乾隆浙江通志』巻一二五「選挙志」による。

(29)在任期間とその簡単な治績については、『嘉定赤城志』巻一一「秩官門」に、「続諭俗編」は同書巻三七「風土門」にそれぞれ載っている。

(30)『正徳瑞州府志』巻七「名宦」、『民国台州府志』巻一〇六「人物志」、『江西通志』巻一二九「宦績録」など。

(31)『中国叢書綜録』（上海古籍出版社、一九八二年）を検索してみても、『琴堂諭俗編』は四庫全書所収本しか見あたらない。

（32）こうした道学派の仏教批判については、従前の道学研究において多く指摘されてきたが、ここでは土田健次郎『道学の形成』（創文社、二〇〇二年）「第五章　道学と仏教・道教」を挙げるに止める。

（33）『晦庵先生朱文公文集』巻九九「示俗」に、「孝経云、用天之道、因地之利、謹身節用、以養父母、此庶人之孝也、以上孝経庶人章正文五句、係先聖至聖文宣王所説奉勧、民間逐日持誦、依此経解説、早晩思惟、常功遵守、不須更念仏号仏経、無益於身、枉費力也」とある。

（34）『四庫全書総目提要』巻一二二〈子部〉「雑家類」。

（35）井上進氏によると、宋代でも収書の大部分は印刷本よりも書籍を借りて書き写す鈔本であり、収書はかなり困難であったという（同氏著『中国出版文化史』名古屋大学出版会、二〇〇二年、第十章）。

あとがき

大体において、研究の契機、とりわけ文化系のそれは個人的な事情と深く結びついている。今回、私がこの訳著を公刊するに至った経緯もそうであり、以下に個人的な感慨を書きつらねることを諒とされたい。

一九八〇年代の初め、私は、戦後における日本の宋代史研究を整理しながら、宋代国家の基礎を形作る地域社会研究の必要性を確認し、その上に立って、地域社会の構造を究明する意味からも宗族研究の大切さを主張する文章を公表した（「宋代史研究における宗族と郷村社会の視角」『名古屋大学東洋史研究報告』八、一九八二年）。この文章は、拙文としては珍しく研究者に多少の反響を呼び起こしたと思われるが、私自身は、その後、そうした提言を具体的に実証する論文を暫く書けないでいた。

現在の職場の東海大学に勤めるようになって、一九八〇年代の半ば過ぎのことだが、宋代という時代の雰囲気を、史料を読みながら自分なりに感じ取ろうと考えて、夏休みを利用して職場の図書館に通いながら史料と格闘していた。そうした作業の過程で、四庫全書を繙閲しているときに、宋代の地方官が管下の民衆に向けて教化のために布告した「諭俗文」が、上記のこうした課題を解く手がかりになるのではないかと気づくに至り、私は、その考えを「宋代の『諭俗文』」と題する一文に纏め上げた（宋代史研究会編『宋代の政治と社会』汲古書院、一九八八年所収）。『琴堂諭俗編』は、このような閲読をしているうちに、偶然に遭遇して読むに至った書物である。私にとって、この書物はとても新鮮で興味をそそられ面白く感ぜられた。何しろ、戦後一九七〇年代まで学界の主流を占めていた社会経済史などの、こちたき議論を、学生時代から苦手とする私にとって、どちらかというとこの書物に載るような物語的な話柄を好む傾向があったからである。この出会いがあってから、勤務先の授業でも折りに触れて、この書物の存在に触れ、一度は学部学生の講読に採用しようとしたのだけれども、講読のテキストとするには大きな問題があった。『琴堂諭俗編』は、『四庫全書総目提要』に記すように、一般民衆に対する教化を目的として作成されたということもあって、分かりやすい教訓的話題が選択され、大意を取るには、それほど困難はないのであるが、それでも経書からの引用や、正史を初めとした諸史料からの歴史事象の紹介もあって、充分な理解を得るためには典拠調べをしなければならず、間もなく学部学生には無理だということが判明したからである。そのため、この書物の授業への活用を暫く見合わせることになった。

一つの偶然がこの書物の講読の機会を提供してくれた。二〇〇二年度、私は明治大学の非常勤講師を引き受けた。この年度、明治大学の氣賀澤保規氏が、在外研究員として米国に滞在し、日本を留守にしたため、同氏の授業の一部を担当することになったからである。明治大学の非常勤は、結果からすれば、非才の私に一部とはいえ氣賀澤氏の代理は務まらず、一年で辞めさせていただいたが、この機会を利用して本書を大学院の講読授業に取り上げて受講生と読み始めることが出来たのであった。出典を明らかにしながら読み進む授業には、その準備に多少とも時間がかかったけれども、私にとっても、とてもよい勉強になった。とくに、文章の意味内容を正確に捉えるために、しばしば典拠となる儒教の経典を注疏にまで遡って読まねばならず、そこから多くの収穫を得られたように思われる。そして、この授業を通して、伝統的中国語、いわゆる漢文を真に理解するためには、字句の意味を、背後に潜む典拠を踏まえて捉えねばならないという当たり前の事柄が、実感をもって思い知らされたのである。また、私の学生時代の不勉強が改めて猛省された。ともあれ、こうした実感と反省の上に立って、学生教育にとっても、伝統的文章の読解訓練には、このような典拠を踏まえた解釈の必要性を強く感得させられた。

その後、勤務先の東海大学の大学院でも、学生の、本当の意味での漢文読解力の向上を目的として、本書の残りの文章を講読テキストとして採用し、その折りに典拠に当たって読むように受講生に義務づけた。訳註は、この両大学大学院の講読で各項目を読み終える度に文章化して、それを勤務先の紀要に載せてきた。この訳註作業は、少し長い時間がかかりすぎたが、二〇〇九年三月発行の紀要に掲載された文章で一応は完了した。

顧みると、私のこれまでの拙い学問遍歴は、いわゆる学界の主流とは異なった歩みであったように思える。研究の最初のスタートも、学生時代を過ごした一九七〇年代に一世を風靡していた社会経済史研究からすると、ほとんど異端視されていた人物を主題としたものであったし、今回の『琴堂諭俗編』にしても、史料としてそれほど学界的認知を経たものとはいえないだろう。そこで思い起こされるのは、学生時代当時、主にラジオや新聞を通して聞いたり見たりした選挙報道である。それらにおいて、ほとんど泡沫に近い候補の情況を紹介するとき、「独自の戦いをしております」と述べたり記していたりしていたと記憶している。「うまいことをいうものだ」と感心していたが、私のこれまでの歩みもそれに似ている。「私は独自の戦いをしております！」。これが私の実感であるけれども、翻って独自の戦いをしてきたからこそ、私にとっては、素晴らしいこの題材に出会えたと今では納得している。加えて、人生の大半を過ぎた現在、こうした歩調から外れることは自分の性格から出来ない相談であるが、しかし、この先も何とか少しずつ歩いて行けそうな気もしてきているのである。

とまれ、私個人の興味はともかく、普通、歴史研究では扱わない不可思議な史料の講読授業を忍耐強く付き合い、様々な刺激をくれた明治大学・東海大学の受講生諸氏に感謝を捧げたい。また、独力で訳註作業をしてゆくとき、現在の電子機器は力強い味方となってくれた。最初は手探りで典拠を調べ始めたのだが、やがて台湾・中央研究院の漢籍電子文献や『大正大蔵経』の電子索引、唐宋筆記の電子索引、四庫全書の電子索引などの電子検索を利用するに至って作業効率が向上したように思える。とりわけ、四庫全書の電子索引は多くのものを提供してくれた。こうした環境と道具の手助けがなければ、この訳註の完成形態はもっと違ったものになったかも知れない。最後に、出版不況の中、学問的にはともかく、一般受けしない訳註の出版を引き受けてくれた知泉書館に感謝したい。更に、乏しい家計の遣繰の中、一銭の得にもならない本書の上梓を見守ってくれた妻の和世にも感謝する。

小林　義廣　識す

二〇〇九年、杉花粉飛散の時期、東京町田市の陋屋にて

索　引

（書物の中で，繰り返し引用される『論語』『孟子』『礼記』といった経典や『古今事文類聚』『小学』『蒙求集註』『温公家範』は対象から除いている。また，鄭至道・彭仲剛・応俊のうち，各項目の後に記される項目の作者としての名前は省略する。）

あ　行

か　行

さ　行

た　行

な　行

は　行

ま　行

や　行

ら　行

小林 義廣（こばやし・よしひろ）

1950年，岩手県に誕生。1980年，名古屋大学大学院文学研究科史学地理学専攻課程東洋史博士後期課程満期退学。現在，東海大学文学部教授。博士（歴史学／名古屋大学）

〔主要論著〕『欧陽脩　その生涯と宗族』（創文社，2000），「宋代の割股の風習と士大夫」（『名古屋大学東洋史研究報告』19，1995），「宋代福建莆田の方氏一族について」（中国中世史研究会編『中国中世史研究続編』京都大学学術出版会，1995），「内藤湖南の中国近世論と人物論」（内藤湖南研究会編『内藤湖南の世界―アジア再生の思想―』（河合文化教育研究所，2001），「宋代の二つの名族―真定韓氏と相韓韓氏―」（井上徹・遠藤隆俊編『宋―明宗族の研究』汲古書院，2005），「宋代蘇州の地域社会と范氏義荘」（『名古屋大学東洋史研究報告』31，2007）など。

〔宋代地方官の民衆善導論〕　　ISBN978-4-86285-064-5

2009年 7 月 25 日　第 1 刷印刷
2009年 7 月 30 日　第 1 刷発行

訳註者　小 林 義 廣
発行者　小 山 光 夫
印刷者　藤 原 愛 子

発行所　〒113-0033 東京都文京区本郷1-13-2
電話03(3814)6161 振替00120-6-117170
http://www.chisen.co.jp
株式会社 知泉書館

Printed in Japan　　印刷・製本／藤原印刷